BETH GOULART

VIVER É UMA ARTE

TRANSFORMANDO A DOR EM PALAVRAS

PREFÁCIO NÉLIDA PIÑON
POSFÁCIO FERNANDA MONTENEGRO

BETH GOULART

VIVER É UMA ARTE

TRANSFORMANDO A DOR EM PALAVRAS

Copyright © 2022 by Editora Letramento
Copyright © 2022 by Beth Goulart

Diretor Editorial | **Gustavo Abreu**
Diretor Administrativo | **Júnior Gaudereto**
Diretor Financeiro | **Cláudio Macedo**
Logística | **Vinícius Santiago**
Comunicação e Marketing | **Giulia Staar**
Assistente de Marketing | **Carolina Pires**
Assistente Editorial | **Matteos Moreno e Sarah Júlia Guerra**
Designer Editorial | **Gustavo Zeferino e Luís Otávio Ferreira**
Editora de Conteúdo | **Marcella Abboud**
Preparação e revisão | **Lorena Camilo**
Fotos de capa e contracapa | **Nana Moraes**

Todos os direitos reservados.
Não é permitida a reprodução desta obra sem
aprovação do Grupo Editorial Letramento.

Dados Internacionais de Catalogação na Publicação (CIP) de acordo com ISBD

G694v   Goulart, Beth

         Viver é uma arte: transformando a dor em palavras / Beth Goulart. - Belo Horizonte, MG : Letramento, 2022.
         138 p. ; 14cm x 21cm.

         ISBN: 978-65-5932-202-2

         1. Autoajuda. 2. Relatos. 3. Vida. 4. Arte. 5. Família de artistas. I. Título.

2022-1691   CDD 158.1
                                             CDU 159.947

Elaborado por Vagner Rodolfo da Silva - CRB-8/9410

Índice para catálogo sistemático:
1. Autoajuda 158.1
2. Autoajuda 159.947

Belo Horizonte - MG
Rua Magnólia, 1086
Bairro Caiçara
CEP 30770-020
Fone 31 3327-5771
contato@editoraletramento.com.br
editoraletramento.com.br
casadodireito.com

Dedico este livro à minha mãe, Nicette Bruno, e a meu pai, Paulo Goulart.

Vocês foram a fonte geradora e inspiradora de minha vida.

Vocês me ensinaram a beleza das relações, o sentido de família física e espiritual.

Vocês me ensinaram a arte de viver!

AGRADECIMENTOS

■

Agradeço à Nélida Piñon, por seu incentivo e "amadrinhamento" na literatura. Nas teias construídas pelas palavras, fico feliz de as minhas encontrarem as suas.

Meu muito obrigada à Fernanda Montenegro, pela referência que sempre foi para mim como atriz e ser humano, como personalidade artística tão especial, única e vocacionada para representar a humanidade em sua plenitude. Agradeço também pela irmandade familiar e artística que tanto nos une.

Marcella Abboud, muito obrigada pela supervisão, por ter nos orientado neste caminho da escrita. Você foi fundamental em todo o processo, acendendo luzes para o nosso entendimento.

Agradeço à Pierina Morais, pela seleção das imagens, pela estrutura e escritura da minha vida.

Muito obrigada, Nana Moraes, que, através de sua arte, registrou sensivelmente minha alma para a capa deste livro, materializando em imagem o que o livro esmiúça em palavras, e pela nossa parceria registrada ao longo deste trabalho.

Agradeço muito ao meu filho, João Gabriel, a minha neta, Maluzinha, e a toda a minha família.

Agradeço a todos os meus amigos, que tanto amo e são tão importantes para mim. Aos meus colegas de arte, que dividiram comigo os palcos da vida, construindo, ao meu lado, as vivências que compõem esta obra.

Sou muito grata à arte, que me deu muitas famílias e as famílias do coração, ligadas pelos laços do afeto, cumplicidade e amor.

Muito obrigada ao Marcus Montenegro e a toda a equipe da Montenegro Talents, pelo suporte, e ao Gustavo Abreu, da Editora Letramento, e toda a sua equipe, pelo convite para transformar em palavras nossas experiências e filosofias de vida.

Meus agradecimentos para Luiza Helena Trajano, pelo apoio emocional no momento tão difícil da perda de minha mãe e pelo suporte para seguir em frente. Também agradeço à Lilian Leandro pela amizade e ao Grupo Mulheres do Brasil pelo pertencimento do qual tanto me orgulho.

Muito obrigada aos fotógrafos Eduardo Schaydegger, Fabian Albertini e Lula Lopes, que cederam suas imagens para o livro.

Agradeço a Deus, responsável por nossa existência, por toda a teia da vida que nos rodeia e ao eterno ciclo de mudanças para a evolução.

Minha gratidão e amor, hoje e sempre!

SUMÁRIO

11   A ARTE DE BETH GOULART
Nélida Piñon

13   APRESENTAÇÃO

21   ATÉ BREVE, PAI

22   **APRENDIZADOS DE MEU PAI**

25   **O LUTO DO MEU PAI**

27   **PERDOANDO DEUS**

31   TEATRO: ARTE EM HUMANIDADE

32   **O ÚNICO PAGANTE**

35   **O INÍCIO DE TUDO**

38   **VIVER NUMA ESTREIA**

43   ANCESTRALIDADE FEMININA

45   **MINHAS ANCESTRAIS**

49   **SER MÃE: APRENDI COM A MINHA**

52   **SER AVÓ: LIBERDADE DE SÓ SER**

57   PERDAS E GANHOS

63   **APRENDER COM O AMOR**

65   **MATERNIDADE**

66   **A DESPEDIDA DE MINHA MÃE**

71 BUSCANDO AUTONOMIA

71 **QUEM SOU EU?**

73 **MEU PROCESSO CRIATIVO**

77 **MOÇA VELHA**

81 O DESTINO DE BETH

82 **O ANO NÃO**

84 **O QUE APRENDEMOS VIVENDO OUTRAS VIDAS**
87 LUCRÉCIA BÓRGIA
89 CLARICE LISPECTOR
92 DÉBORA
94 LEOPOLDINA

97 **METAMORFOSE**

102 **TRÊS EM UM**

105 **SOU UMA AQUARIANA TÍPICA**

109 SER OTIMISTA É UMA ESCOLHA

113 **O QUE SE LEVA DA VIDA**

117 VIVER COM ARTE

120 **EU SOU DA PAZ**

125 A CORRENTE DO BEM

129 A FINITUDE E O INFINITO

133 A MEMÓRIA DE UMA IRMANDADE VOCACIONADA
Fernanda Montenegro

A ARTE DE BETH GOULART

Sua origem é o palco. Foi seu lar por dádiva dos pais, Nicette Bruno e Paulo Goulart, que enlaçados pelo amor conjugal ofertaram à prole o legado da arte.

A filha do meio, Beth, cresceu sob as bênçãos da dramaturgia teatral. Cedo confirmou ser as tábuas da ribalta o epicentro de sua vida. O lugar onde o coração arfava. E nunca seria ofuscado pelo que fosse. A arte cênica lhe ditaria o destino.

Assim foi enveredando pelo ofício a que consagraria sua vida. Alçou voo a fim de ser o outro, além dela. Encarnar uma humanidade condoída, fantasiosa, secreta, calcinada, a serviço do esplendor da tragédia e da comédia. Para tanto, ela lia as entrelinhas do mundo por meio dos gritos e murmúrios dos atores que enunciavam as peripécias humanas. Conhecia as regras da cena, do entorno mágico. Tudo a educou para o futuro, sobretudo mediante as palavras que provinham da criação dos mestres universais. Eram portentosas, belas, eficazes. Assim, conquanto filha de Nicette e Paulo, atores maiores da cena brasileira, filiava-se também aos gregos, aos que responderam pela produção humana. Bem podendo então dar prova de sua gênese artística.

Que escola teve, pais e dramaturgos, ainda os parceiros de palco, que ensejaram o aperfeiçoamento de seu ofício, que lhe transmitiu o significado do verbo em cada instante da existência. De como uma mera palavra podia expressar o que estivera até então resguardado no casulo humano. Um fenômeno, pois, de que Beth se apossou para vir a ser a escritora que ora se apresenta a nós. Mas já sendo quem sabe, esta autora, quando assumiu no palco a figura magnética de Clarice Lispector e revestiu-se de seu mistério, fez uso de suas frases imortais como se cada sentença fosse sua, dada a simbiose entre Clarice e ela, na crença de certo de que o verbo a autorizasse a ingressar nos recintos humanos.

Tornou-se, finalmente, escritora. Senhora daquele texto que ia emergindo da alegria e da misericórdia, ambos pertencentes ao seu mundo. O que registrasse no papel tornava-se de imediato seu coração. O reduto que, muitas vezes, solidário, lacrimejava.

Mas, ao lê-la, seus rastros humanísticos destacam-se. Ostenta compaixão no que diz. Segue quem somos. Não está alheia, compromete-se. É quem fala aos amantes, aos solitários, aos que aguardam a eclosão do amor. Aos jovens, aos que envelhecem. Enfim, aos que latejam sob o ritmo da esperança.

Como poderão ver no livro de Beth Goulart belamente intitulado de *Viver é uma arte, Transformando a Dor em Palavras*, sua linguagem é pungente, entrega-se ao leitor, dialoga com ele. Dilacera-se em seu favor com o intuito de salvá-lo e a si própria. Para tanto, prega seus valores, seus fundamentos morais, sua religiosidade, o mistério nosso, sem vaidade, amargura, falso altruísmo. Sua literatura tem em mira, quem sabe, o pão que libere os famintos da terra.

Comoveram-me suas narrativas que não se furtam à odisseia humana. Seu talento, sua rota de oficiante da palavra.

Seja bem-vinda, Beth Goulart! A autora que nos enriquece com suas irradiações poéticas, com a coragem de viver.

NÉLIDA PIÑON

Escritora brasileira com diversos livros publicados e traduzidos em mais de trinta países. Doutora honoris causa das universidades de Poitiers, Santiago de Compostela, Rutgers, Florida Atlantic, Montreal e UNAM. Em 1990, foi empossada como imortal pela Academia Brasileira de Letras e, em 1996, por ocasião do centenário da instituição, tornou-se a primeira mulher a assumir sua presidência. Em 2005, foi homenageada com o Prêmio Príncipe de Astúrias das Letras, e, em 2012, nomeada Embaixadora Ibero-Americana da Cultura.

APRESENTAÇÃO

Este livro nasceu da necessidade de colocar no papel o conteúdo das palestras que minha mãe e eu dávamos para algumas pessoas que se interessavam em ouvir um pouco de nossa história, saber mais sobre nossa filosofia de vida e sobre nossa percepção da existência. Ler sobre nossa fé que tanto nos fortalece, do amor tão presente e essencial em nossas vidas, da felicidade de ser consciente num mundo tão perdido de si mesmo. Nós falávamos da superação das perdas e do entendimento da morte, sobre o processo de envelhecimento do corpo e amadurecimento natural de nossa alma, da sabedoria de nossas vivências e de nosso olhar para o mundo e a humanidade.

Viver é uma arte! E, como artistas, falamos através da sensibilidade, de uma forma nem sempre objetiva, mas usando a subjetividade do mistério, da sutileza e da intuição. Quando ouvimos a intuição, deixamos nossa alma falar por nós. Por isso, também aprendemos a *viver com arte!*

Ao serem colocadas no papel, essas ideias ganham novos contornos; os conceitos se clarificam e podemos desenvolver melhor essa necessidade de falar sobre determinados assuntos que são tão importantes para nós, e se tornam cada vez mais urgentes na medida em que o agora se apresenta como a construção do nosso futuro. Além disso, olhar para o passado nos ajuda a compreender melhor quem somos e qual é nossa tarefa nesse mundo em transformação. Somos artistas e comunicadoras, temos o privilégio de semear nossa compreensão da vida através de palavras que podem acender algumas luzes dentro dos corações e das mentes de quem se interessar, por exemplo, em abrir este livro especificamente.

Sempre me disseram que, antes de morrer, temos que ter um filho, plantar uma árvore ou escrever um livro. É uma forma de transcender o tempo e deixar um registro de nossa passagem por este planeta. Bem, eu tenho um filho, já tenho uma neta e plantei algumas árvores.

Este livro é o primeiro exercício de transcendência que deixo registrado em minha vida. Apesar de fazer dramaturgia e escrever peças de teatro, este é o primeiro livro que escrevo e confesso que a intimidade que ganhamos com as palavras vai sendo pouco a pouco invadida por uma responsabilidade imensa de se tornar – e torná-las – permanente.

Os celtas tinham muito medo da escrita porque diziam que as palavras aprisionavam as coisas, por isso toda sua cultura era passada pela oralidade, por meio de histórias contadas de mãe para filha e, assim, sucessivamente. Eles só escreviam epitáfios porque registravam o que já estava morto. Não tenho essa pretensão de escrever para a eternidade. Sei que tudo se transforma e se modifica de tempos em tempos, então o que estará escrito aqui é o registro de um tempo, de uma vida que teve o privilégio de nascer numa família especial. Uma família de artistas, num país chamado Brasil.

Foto: Arquivo pessoal

O que isso significa? Vamos descobrir juntos. Pouco a pouco, em cada pequena história deste livro.

Começamos o processo escolhendo uma voz principal que seria a narradora desta viagem. Como eu gosto mais de escrever, eu assumi essa tarefa com muito respeito e gratidão, pois é uma oportunidade fantástica de poder registrar momentos inesquecíveis de nossas vidas e de nossa cumplicidade. Minha adorada mãe, Nicette Bruno, ficaria com os comentários maravilhosos sobre os temas que iremos desenvolver durante a narrativa do livro. Suas opiniões seriam gravadas e transcritas, fazendo assim uma trança de ideias interessantes e, muitas vezes, diferentes.

Era muito rico este diálogo de gerações e, sobretudo, impressões. Decidimos começar com um momento marcante de nossas vidas: a morte de meu pai, Paulo Goulart. Como foi, para nós, a experiência, como vivemos essa dor? Como superamos, através de nossa fé, nossa espiritualidade e nosso trabalho, nessa fase de retomada da vida, uma perda tão significativa?

Estávamos no início do processo do livro quando minha mãe, inesperadamente, pegou a covid-19 e partiu em 21 dias.

Choque.

Dor.

Morte.

Pausa.

SILÊNCIO.

Amor.

Pausa.

Silêncio.

Saudade.

Fé.

Eternidade.

Essência.

Luz.

AMOR.

Pausa.

Silêncio.

Paz.

Deus.

Amor.

Deus.

Amor.

DEUS.

Amor.

Escrever é dividir sensações, compartilhar o que vem de dentro. Neste livro, colocar meus sentimentos em palavras, é fazer delas instrumento de toque, tocar a alma de alguém pela música contida numa sequência de sentidos ou no silêncio preenchido de possibilidades.

Escrever é uma necessidade. É deixar a alma fluir pela página em branco e descobrir fazendo o que vem à mente. A mente mais sensível, aquela que não mente, aquela que sente, pressente, inspira e revela.

No ato da escrita se conquista uma posição, se confrontam ideias, se desvela a expectativa e, ao observar o que acontece, se tece uma opinião. Muitos olhares nos dizem sim ou não, mas o sentir não diz, ele indica. Quando se chega a um resultado, a um conceito, a um entendimento, uma porta se abre e podemos dividir a descoberta. Que tal você vir comigo?

Depois dessa pausa, seguimos na retomada do material deste livro com toda a bagagem de ensinamentos que minha mãe transmitiu para mim, além das memórias de uma convivência muito amorosa e harmônica.

Nós tínhamos uma conexão de almas. Minha mãe era minha melhor amiga, tínhamos uma cumplicidade que foi aumentando com o tempo e com as situações da vida. Depois da morte de meu pai, ficamos ainda mais unidas. Eu incluía minha mãe em tudo: nas viagens, nos passeios, nos almoços em casa, nas aulas, no pilates e até no isolamento. Nós ficamos unidas também no cuidado e na proteção uma da outra. Pena que eu não pude evitar o desfecho, nem a visita inesperada que trouxe o vírus mortal para sua vida.

Mas, se Deus permitiu que acontecesse, quem sou eu para contestar? Só me cabe aceitar Seus desígnios e aprender a viver sem a presença de minha mãe e amiga, sem seu sorriso, sem seu olhar. Agora, tanto minha mãe quanto meu pai estão dentro de mim. Estão internalizados em seus ensinamentos, na lembrança de suas histórias, nos exemplos de sua generosidade, de sua alegria, de sua luz, na compreensão de que fazemos parte de uma grande família humana e que a fraternidade é uma realidade essencial da vida. Somos filhos do mesmo Pai Eterno que nos espera despertar para a grande transformação da humanidade. Somos seres de luz e nosso destino é o amor.

Que possamos plantar sementes do bem em cada palavra, sementes de luz em cada reflexão, sementes de paz nas mentes e corações de quem ouvir o chamado deste amor em forma de livro.

Fé é um presente de Deus para a humanidade, é uma chave para encontrá-Lo dentro de nós. Jesus nos ensinou o poder da fé quando disse: *Tua fé te curou!* Ele nos ensinou a divindade presente em cada um de nós e é através da fé que acionamos esse poder. A fé absoluta transcende a realidade dos fenômenos e abre um portal para o mistério, para o desconhecido e até para o impossível. É o milagre da fé.

ATÉ BREVE, PAI

■

Aproveitem a vida, ela é linda, mas passa rápido. Foi o último ensinamento, dos muitos que meu pai nos deixou. Em seguida, ele perdeu a consciência e iniciou sua partida deste mundo, deste nosso espaço-tempo.

Como tudo que meu pai fazia, sua morte foi incrível também. E a dualidade vivida ali, naquele instante, nunca mais me abandonaria: a morte chama para a vida. Acho que todos os dias estamos mais perto dela. Um dia após o outro, todos nós estamos na fila. Uma fila de outra dualidade, em que certeza e incerteza caminham juntas. A morte carrega a certeza; a sua chegada, a incerteza.

Quando vamos morrer? Essa pergunta é incômoda. Especialmente a nós, que somos ocidentais. Passamos a vida temendo a morte e evitando tocar no assunto. Dizemos "vira essa boca para lá" quando alguém inicia a frase "quando eu morrer…". Ninguém se prepara para viver o luto, especialmente quando ele é a perda da pessoa amada.

❝ A perda da pessoa amada também ensina a gente a ser melhor. Ele pedia que eu não perdesse o meu sorriso e continuasse trabalhando. ❞

Não é como se fosse fácil. É difícil mesmo, mas tão difícil quanto inevitável. Na morte, assim como em entre muitos outros assuntos, os orientais nos dão uma lição. Lidam bem melhor, inclusive a celebram, vestidos de branco e festejando que o ser amado ingressará num mundo muito melhor que o nosso: o mundo espiritual. Os tibetanos, por exemplo, sabem que perto da morte o ser pode enxergar melhor toda a sua trajetória de vida e, no momento do desencarne, podem ganhar a tão esperada iluminação. Na hora da despedida deste plano estão ao lado de seus mestres e vivem um novo nascimento.

Preparar-se para nascer é muito diferente de ver a morte como o encerramento. É no novo nascimento que se permite a paz. Aliás, precisamos aprender essa reverência à morte, porque é merecido que assim seja. E foi em paz, para um novo nascimento, que meu pai partiu.

ⓘⓘ E, quando Paulo morreu, nós já tínhamos o conhecimento que a vida tem uma continuidade, então nós tínhamos também a certeza de que ele tinha cumprido a missão dele aqui como encarnado. Isso fez com que nós nos esforçássemos ainda mais para o entendimento desse fim. ⓘⓘ

Aprendi com os budistas que a vida é impermanência, um sopro efêmero. E, embora eu soubesse tudo isso, não foi e não é trivial perder o pai. Ainda mais um pai que é referência em absolutamente tudo. Foi uma construção, e, obviamente, senti e muito, mas, firme no espiritualismo e certa de que a vida não começa no berço e não termina no túmulo, eu dei um novo significado a separação.

Ela dói, é evidente. E como dói... A dor, porém, vem acompanhada da certeza do reencontro, mesmo que em outra dimensão.

APRENDIZADOS DE MEU PAI

ⓘⓘ Amar não acaba, continua em outra dimensão e vai continuar sempre. ⓘⓘ

Meu pai era um homem de bem. Isso significa que ele era um grande homem, um exemplo de caráter, generosidade, muito amor e fé. Ele nos deu tantos motivos de orgulho por ter construído uma carreira e uma família cheia de honestidade, de princípios éticos e morais junto à espiritualidade e à arte. Valores que nos moldaram e nos orientam até hoje. Falava e demonstrava em suas palavras e atitudes que, segundo ele, *o saber nos dá o poder de sermos alegres, prósperos e felizes.*

Parece que estou te ouvindo agora, meu pai, com sua voz grave e tão melodiosa.

❝ Eu conheci o Paulo quando cuidava da direção do Teatro de Alumínio. O diretor Ruggero Jacob estava na orientação de repertório para a peça *Senhorita minha mãe,* do Louis Verneuil, e precisava de um galã. Ele me disse que tinha um rapaz que tinha estreado na TV Paulista e que podia ser chamado para fazer o teste, porque o achava muito talentoso. Era o Paulo, e o teste dele foi maravilhoso! Ele foi contratado e até a estreia eu não pensava em mais nada, só no trabalho. Aí um dia, o Abelardo Figueiredo, que era um grande amigo e administrava o Teatro de Alumínio junto comigo, disse: *Vai ter um romance nessa companhia.* Eu perguntei a ele de quem, e ele me disse: *Da mocinha e do galã.* Foi quando ele me contou que o Paulo estava apaixonado por mim. Fomos, depois, para uma festa. Nessa festa pediram que eu declamasse uma poesia, como se fazia na época. Ele também pediu. Quando eu declamei, ele não ouviu. Fui perguntar para ele por que tinha pedido para declamar se não ia me ouvir, e ele disse: *Eu pedi para declamar só para mim e não para essa gente toda.* Depois disso, ele me chamou para dançar. Dançamos e, quando a música acabou, continuamos de mãos dadas. Para o resto da vida... ❞

Sabemos, pela nossa filosofia de vida, que estamos em constante aprendizado, em trânsito evolutivo para o conhecimento e a liberdade do ser.

Meu pai sempre dizia que o equilíbrio do homem se dá nesse triângulo: *família, religião* e *trabalho,* todos com o mesmo peso e o mesmo valor. Que deveríamos fortalecer a nossa capacidade de criar e sustentar o bem, a justiça e a verdade.

É preciso ter a coragem de ser bom, honesto, fraterno e livre!

❝ Pensar em si como uma partícula que fizesse parte do todo, o grande todo que é a humanidade. **❞**

A inteligência do universo está sempre pronta à nossa disposição, basta confiar no poder de nossa força interior e na intuição que trazemos dentro de nós. Não somos simples corpos físicos. Somos luz, energia, vibração, espírito e amor. Seus ensinamentos continuam reverberando em nós, meu pai. Agradeço muito pela oportunidade de ser sua filha, de aprender e dividir com você um pouco de minha trajetória. Estaremos sempre conectados, na energia do amor.

Foto: Arquivo Pessoal

O LUTO DO MEU PAI

❝ Nós tivemos uma relação muito forte, além do grande sentimento de amor que nos unia, nós tínhamos muita identificação, muita amizade. Éramos marido e mulher, amigos, amantes, criaturas que se completavam num só elemento de amor. Paulo sempre foi um homem muito forte, viril, que tinha muita saúde e, de repente, descobre essa doença terrível e começou o período de sofrimento. Foram quatro anos se tratando e as coisas não melhoravam, com altos e baixos, até que chegou ao final. Eu estive com ele o tempo todo. Eu saía do estúdio no Rio correndo para o aeroporto e ia direto ao hospital, até o dia que ele partiu. Nós sempre fomos espíritas, eu nasci numa casa espírita. Então, o espiritismo não me assustava. Conhecendo a doutrina, você entende que não perdeu o ente amado e tem um conhecimento a mais: a vida dele continuaria. **❞**

Quando meu pai partiu, tivemos uma manifestação imensa de todas as pessoas à nossa volta, em toda a mídia, nos jornais, nas rádios, nas televisões, nas ruas por todo o Brasil. Foi uma dor coletiva. Um pai que deixava sua esposa e filhos depois que o câncer venceu a batalha que se arrastou por quatro anos de luta.

O velório foi aberto ao público no Teatro Municipal de São Paulo, e recebemos todas as pessoas que foram até lá se despedir. De garis, que deixavam suas vassouras na porta e entravam contritos para dar seu último adeus, até o governador de São Paulo e sua família, também emocionados pela despedida. Amigos, colegas, parentes, conhecidos e desconhecidos estavam lá para nos dar seu apoio, seu abraço, sua solidariedade, seu amor. Fomos abraçados por todo o Brasil.

As filas dobravam a esquina de tanta gente que, em silêncio, rezava por nós. Nunca vou me esquecer de nossa saída na sacada do Teatro, quando todos na rua começaram a rezar em voz alta por meu pai, em homenagem a ele, e para dar forças para minha mãe e para todos nós naquele momento de dor.

Quando saímos em cortejo para o cemitério, éramos seguidos por uma legião de pessoas que aplaudiam quando o carro funerário passava pelas ruas da cidade de São Paulo. Meu pai foi enterrado no Cemitério da Consolação, no jazigo da família Miessa, e lá está, embaixo de uma árvore plantada por ele alguns anos antes, quando houve o enterro de meu avô.

Tivemos duas missas de sétimo dia, uma em São Paulo, na Igreja da Consolação; e outra no Rio de Janeiro, na Igreja Nossa Senhora da Paz, para que todos os nossos amigos, parentes e colegas pudessem se despedir de alguma maneira de nosso pai.

Sua morte foi recebida com muita emoção por todos, que de fato sentiam como se uma pessoa da família tivesse partido. E realmente foi assim.

❝ A perda da pessoa amada também ensina a se amar melhor. Ele gostaria que fosse assim, que eu sem ele continuasse realizando meu trabalho e transmitindo isso para outras pessoas. Ele dizia: *Não perca nunca esse sorriso, continue trabalhando.* ❞

Nossa família é um pouco a família de todos, representamos um símbolo de família, de união e amor. Um casal apaixonado que constrói uma família e uma carreira de sucesso no teatro e na televisão. Entramos na casa das pessoas que de alguma forma se identificam conosco e veem em nós a imagem de um desejo comum, de fazer parte de um clã. Pertencer a um grupo de pessoas unidas por laços de sangue e afeto, além de compartilhar um amor pela arte de representar, que toca o sentimento, a sensibilidade, a compreensão de humanidade em cada pessoa através de nossos personagens e das histórias que contamos.

❝ Mesmo com uma pessoa na plateia, o teatro pede que nós tenhamos a dignidade de exercer o nosso ofício. ❞

Isso faz de nós uma referência. Uma família de artistas é um grande privilégio, mas também uma responsabilidade.

Temos que honrar toda esta expectativa, dar um propósito a esta escolha. Servir de alguma forma ao bem coletivo.

Sempre achei que nossa família era missionária porque, além de tudo isso ainda somos espiritualistas, seguimos os ensinamentos cristãos recebidos pela formação de nossa educação, somos formadores de opinião e ainda criadores de linguagem. Cada um do seu jeito e da sua forma de ser.

❝ Todas as formas de demonstração artística representam a minha própria vida.❞

Claro que, quando falamos de família, a linguagem é sempre no coletivo. É sempre o *nós* que fala mais alto. Mas cada um tem suas características, peculiaridades, personalidade, compromissos, desejos, anseios, talentos, liberdade, autonomia, independência e realização.

PERDOANDO DEUS

❝ A personagem é como uma pessoa, e a ligação da personagem conosco faz com que a gente conheça um bocadinho melhor o ser humano. Vamos entendendo a vida através de cada personagem, cada entrevista, cada depoimento, cada pesquisa, cada *workshop*, e tudo isso vai crescendo dentro da gente de um modo mais objetivo da própria vida que nos envolve e vai nos alimentando...❞

Há alguns anos, fui convidada pela Teresa Montero para escolher um conto da autora Clarice Lispector que comporia a coletânea *Clarice na cabeceira*. Escolhi o conto "Perdoando Deus". É engraçado como sinto que Clarice – para além da aparência física – está em mim. Ela escreveu como se pudesse olhar dentro de mim e retirar suas palavras. Quando li esse conto me tocou profundamente, ele seguiu e segue reverberando em mim. Quando o selecionei, eu já o havia escolhido para o palco e agora ele seria o representante da minha relação com ela na literatura – justamente eu, que também fora Joana, na minha juventude, além de muitas outras vozes de Clarice.

O conto começa numa caminhada em que a narradora estabelece uma relação amorosa com o mundo e explode em uma nova dimensão sobre o inominável, o invisível, aquilo que é, de fato, superior.

As primeiras leituras que fiz do conto chamaram minha atenção para a revolta: um rato morto era posto em frente à mulher que temia ratos. Diante do seu maior medo, sentiu-se desafiada e ofendida por Deus, a quem, pouco tempo antes, dedicara o maior amor, mais íntimo e menos solene que se pode imaginar. Gosto dessa leitura de um Deus que nos permite a intimidade e, embora gostasse demais da lição tirada do pequeno fato cotidiano, perguntava-me como é que se pode, diante do aprendizado, permanecer na revolta. Deus sempre foi muito íntimo para mim e eu nunca tive os meus ratos mortos, mesmo porque eu também morro de medo de ratos.

Cada vez que relia o conto mais me encantava com a sua lição, sua moral: Deus nos ensina que é preciso amar a grandeza do mundo e a grandeza de si. Deus nos ensina como é preciso que o outro aprenda. A mulher de Copacabana aprendeu pelos ratos mortos que Deus não pode ser só um amor ao outro, mas um amor a tudo, ao todo. A amplitude do amor e a aceitação de uma vida que é múltipla. Amar a si, ao rato, mas também à dor e ao espanto. Não se trata de inventar Deus, porque Deus é anterior a tudo. É amar a si mesmo, porque Deus também está em nós.

Eu aprendi muito cedo a amar Deus com um amor íntimo, profundo e verdadeiro. O conhecimento espiritual está na minha família há muitas gerações. Acredito que fé e arte foram sinônimas para nossa família. Pela fé, fizemos da nossa arte um modo de viver e mudar o mundo. Somos uma família missionária por sermos todos tocados pelo amor a Deus e pela arte. Todos os dias vivemos a experiência de estar no lugar do outro e compreendê-lo em sua diferença.

Beth Goulart / Espetáculo "Simplesmente eu, Clarice Lispector"

Foto: Fabian Albertini – 14 de janeiro de 2009

Arte é manifestação da alma do artista que se comunica com os outros através da sensibilidade. Toda arte nos leva a sentir, provoca sensações nos lembrando assim de nossa humanidade. A sensibilidade acorda nossa consciência, traz à tona a essência de cada um. Quando nos emocionamos lendo um livro, ouvindo uma música, vendo um quadro, uma fotografia, um filme, acompanhando uma novela, dançando na rua ou vendo um balé estamos sendo chamados para viver mais e melhor, para participar, trocar com o outro, alimentando nossa alma de vida e do exercício de sentir e pensar. A Arte nos torna pessoas melhores, mais sensíveis e humanas.

TEATRO: ARTE EM HUMANIDADE

“ Eu e Paulo cuidamos de três teatros. O Teatro de Alumínio, o Teatro Íntimo Nicette Bruno e o Teatro Paiol. Quem é mordido pelo vírus do teatro sabe que ele faz com que aquele que faz e vive de teatro continue no teatro para sempre. **”**

Tudo que existe me interessa, é humano. Nessa profissão a nossa matéria-prima é a humanidade. Para ser atriz é preciso observar, alimentar-se de outros saberes para poder representar qualquer tipo de personagem.

Engana-se quem pensa que é o ator que alimenta o personagem. Nós é que nos alimentamos dele e fazemos desse processo o meio de estar, compreender e ser no mundo. Como aprendemos com cada um deles, jamais serei capaz de explicar. Todas que fui se fundem em mim, e a cada história que contei é um aprendizado diferente que acumulo na minha bagagem, no meu currículo pessoal de existências. Por isso, gosto de estudar, de ler bastante sobre cada uma destas vidas, sobre filosofia, sobre biografias, história e literatura de modo geral. As palavras me encantam e ensinam: delas sou constituída e com elas me constituo.

Foi preciso que eu fosse autodidata em minha trajetória de escritora e criadora, pois sempre tive confiança plena na minha intuição, na fonte primeira e certeira na escolha dos meus caminhos, e fui e vou me aprimorando dia a dia, pouco a pouco, com as oportunidades que a vida me dá.

« Aprendi que, na minha profissão, tenho que ter uma condição de apreciar aquilo que eu posso e devo fazer. Quando Beth atuava, eu ficava de olho nela ao invés de realizar meu personagem. Com o tempo, eu aprendi a importância de você assimilar tudo que você tem condição e capacidade de realizar. Comecei a atuar e deixar que ela também atuasse. **»**

O ÚNICO PAGANTE

Um dos grandes ensinamentos que recebemos de minha mãe foi o respeito ao público. Sabemos que nossa arte só acontece quando se estabelece essa conexão com quem nos escolhe para ver e ouvir. O público é sagrado, é para e com ele que criamos essa troca de emoções, sentimentos, sensações, percepções e opiniões.

A arte teatral vive desse encontro de seres humanos que se reconhecem e trocam. É o princípio da linguagem, uma comunicação que se estabelece e gera reflexões. Por isso, quando lidamos com o público, precisamos de muito respeito, temos que respeitar este ente que dá todo sentido ao processo criativo, porque sem o público nossa arte não existe, ela não se completa.

Vou contar para vocês uma situação em que esse ensinamento ficou muito claro para nós, e a resposta foi muito rápida. Estávamos em cartaz com o espetáculo *Os efeitos do raio gama nas margaridas do campo*, no Teatro de Arena, em São Paulo. Naquela noite, a plateia estava bem fraca, só tínhamos nove convidados e um pagante. Um único pagante.

O produtor, que era o Luís Carlos Arutin, foi até o camarim perguntar se mamãe queria cancelar o espetáculo por ser tão poucas pessoas. Mamãe neste momento nos deu uma aula e um exemplo de generosidade e respeito.

❝ Não, ele saiu de sua casa para nos ver. Ele pagou para nos ver, então vamos fazer o melhor espetáculo da nossa vida porque ele merece. Ele nos escolheu, vamos fazer um espetáculo lindo e dar o nosso melhor para ele. **❞**

Assim fizemos, foi um espetáculo lindo. Pois bem, no dia seguinte, mamãe recebeu uma ligação do Arutin dizendo: *Nicette, você está sentada? Sabe o pagante de ontem? Ele era o diretor de uma empresa e comprou mais de cem espetáculos fechados da temporada para dar para seus funcionários.*

Com isso, todos que iam ao teatro nos assistir viam a casa lotada, ficamos lotados por mais de um mês e isso acabou gerando o sucesso real do espetáculo. Um sucesso que durou mais de três anos! Viajamos por todo o estado de São Paulo e depois fizemos outras temporadas no Rio de Janeiro, sempre com casas lotadas.

Nossa profissão pede generosidade, entrega, amor e muito respeito. Respeito pelo público, pelo palco, pelos colegas, pelo autor, pela direção, por todos os técnicos e profissionais que trabalham para que o espetáculo aconteça. O teatro é uma arte coletiva e é a soma dos esforços de muitos profissionais que amam seu ofício e se dedicam para que o público receba sempre o melhor.

Até hoje, quando não temos uma boa casa, eu lembro desta lição que aprendi com mamãe, que é nunca subestimar a quantidade do público, dar sempre o nosso melhor porque o público é sagrado!

Nicette Bruno e Beth Goulart no espetáculo "Os efeitos do raio gama nas margaridas do campo"

Foto: Valdir Silva / Ano 1974

Nicette Bruno, Eleonor Bruno e Beth Goulart no espetáculo "Os efeitos do raio gama nas margaridas do campo"

Foto: Valdir Silva / Ano 1974

O INÍCIO DE TUDO

Minha vocação apareceu muito cedo, nem sabia ler e já estava com um livro em minhas mãos contando histórias inventadas e vivenciadas com muita intensidade. Era tanta que eu chegava a tremer. Meu avô dizia que eu seria escritora, quem sabe ele não tinha razão? Hoje, talvez esteja sendo. Naquele tempo, meu olhar era só para o palco.

> " Ela pequenininha pegava os livros e fingia que estava lendo. Tanto esforço com as páginas, como se soubesse mesmo o que estava escrito ali. "

Desde muito pequena, frequentava as coxias dos teatros – aquele espaço atrás e ao lado do palco onde os atores aguardam para entrar em cena, ou onde os contrarregras fazem a mudança de cenário, com os elementos cênicos ou onde, ainda, ficam os camarins para trocar de roupa. Enfim, são os bastidores da caixa mágica que é o palco. O segredo por trás da cartola do ilusionista.

Tudo isso foi muito encantador para mim, um convite ao mundo maravilhoso da criação. Dali, na coxia, assistia aos espetáculos que ainda não tinha idade para ver sentada na plateia. Cresci assim, podendo ver meu pai e minha mãe atuando, ora juntos ora separados. Um desses espetáculos foi *Escola de mulheres*, de Molière. Eu tinha uns dois anos mais ou menos quando aconteceu, a peça possuía um cenário com muitos planos diferentes e, conforme meu pai ia saindo do meu raio de visão, eu fui entrando no palco para vê-lo melhor, fui entrando, entrando... Até que entrei em cena, literalmente, seguindo os passos de meu pai. Essa passagem literal, mal sabia eu, à época, seria uma fase definidora em minha vida. É lógico que rapidamente fui tirada pelas mãos de minha avó que me trouxe de volta. Ainda não era a minha hora.

❝ O Paulo estava fazendo um espetáculo, *Escola de Mulheres*, no teatro Guaíra em Curitiba. Havia uma cena em que o Paulo e o Cláudio Corrêa e Castro estavam percorrendo o cenário, que tinha planos. Ela estava em um lado da coxia com mamãe e eu do outro. À medida que o Paulo ia saindo do campo de visão dela, ela ia entrando. E eu fazendo sinal para mamãe, que não podia imaginar que era para ela tirar a menina. O público começou a rir porque ela virou de bundinha para a plateia. O Paulo, graças a Deus, não percebeu nada. De repente, só se vê uma mão da mamãe puxando a menina para dentro da coxia. Ela estava com uma calcinha cheia de babadinhos, virada para a plateia. Foi a estreia dela. ❞

Morávamos em Curitiba naquele momento e minha mãe dirigiu um espetáculo infantil que era um auto de Natal, da Maria Clara Machado, chamado *O boi e o burro a caminho de Belém*. Para o elenco, ela precisava de dois anjinhos. Lá fomos nós: eu e minha irmã, Bárbara vestidas de anjos. Fiquei tão feliz com a possibilidade de entrar em cena que levei muito a sério o personagem. Costumo dizer, inclusive, que foi meu primeiro trabalho corporal, porque eu levava o turíbulo com a mão direita e tinha que bater as asas com a mão esquerda. Veja bem, isso requer uma certa coordenação motora, o que, aos três anos da época, parecia muito difícil. Daí que eu fiquei um tempão treinando até que consegui bater asas com uma mão e balançar o turíbulo com a outra.

Ao final do espetáculo, fiquei tão emocionada de ver a plateia que fui para frente do palco, absolutamente admirada com o teatro. A cortina, então, se fechou atrás de mim. Perdida, fiquei enlouquecida para achar a saída e foi meu primeiro número de plateia porque os espectadores riam muito de mim naquela situação de desespero.

Não pense que fiquei traumatizada, muito pelo contrário. Eu adorei aquilo tudo: o teatro, a peça, as risadas e os aplausos, aquele som maravilhoso, os sorrisos das pessoas. No dia senti o prenúncio do que viria a ser a minha grande paixão, e o melhor momento para qualquer ator.

“ Ela fez tudo bonitinho. Ela ficou do lado de fora, bem assim para a plateia. Ela agradecia e ficava esperando as pessoas lá dentro. E ela dizia: *Você quer meu fotógrafo?* Ela queria era dizer autógrafo. Estava excitadíssima! ”

Um pouco mais tarde, conforme crescia, eu brincava de fazer teatro em casa. Adorava juntar todas as crianças que estavam em minha casa para o feito. Minha mãe gostava muito de receber visitas em casa; para ela, fazer um almoço ou jantar para os amigos é uma grande alegria. Para mim, era sinal de elenco garantido.

Nesses almoços de domingo, então, eu juntava todos os filhos dos amigos de meus pais e fazia teatro com eles. Mas era teatro mesmo, com palco, plateia e até ingressos.

Eu perguntava para eles o que sabiam fazer: cantar, dançar, declamar uma poesia. Quando não sabiam fazer nada, eu os mandava dublar, então colocava uma música e a criança dublava com toda a alegria e entrega do mundo a esse momento lúdico que é o espetáculo. Alguns eram muito bons, outros nem tanto, mas o importante é que estávamos muito felizes em mostrar nossos talentos para nossos pais.

Um desses espetáculos de domingo foi assistido por Antônio Abujamra, o grande diretor e muito amigo de meus pais. Ao final, ele me disse: *Você vai estrear comigo*, no que eu imediatamente repliquei: *Quando, quando?* A resposta dele foi: *Na hora certa você vai saber, quando tiver o personagem certo eu te chamo.*

Alguns anos se passaram e não deu outra: surgiu o momento e o personagem certo. Foi na peça *Os efeitos do raio gama nas margaridas do campo*, de Paul Zindel, texto que ganhou o Prêmio Pulitzer.

No palco, estava minha mãe, minha avó e eu em cena. Mais tarde, minha irmã também entrou para o elenco. Era uma peça linda que deu à minha mãe todos os prêmios de Melhor Atriz do ano de 1974, e eu também fui indicada como Revelação.

❝ O Abujamra sempre dizia: *Essa vai estrear comigo, hein, Nicette.* Um dia, o Abujamra queria que ela fizesse um dos principais papéis da peça que estava montando. Paulo ficou meio reticente, tinha medo de que atrapalhasse nos estudos, mas eu estava, como sempre, incentivando, porque eu tinha estreado com aquela idade; eu com quatorze e ela estava com treze. Eu disse ao Paulo: *Fala com ela.* Ele falou e ela disse: *Eu quero, pai. Eu quero. Eu prometo ao senhor e garanto que vou tirar as melhores notas enquanto eu estiver fazendo esse espetáculo. Pode ficar tranquilo.* Depois de tanta determinação, ele deixou e ela cumpriu sua promessa. Foi uma das melhores alunas. **❞**

VIVER NUMA ESTREIA

Foi uma bela estreia. Na nossa profissão, a bem da verdade é que estreamos todas as noites. Estamos sempre começando. Cada novo espetáculo é um novo nascimento, um novo personagem, um novo universo que se descortina e um novo processo de descobertas que se apresenta para nós.

Como não amar essa adrenalina? É um estado de felicidade plena que sentimos quando estamos em cena, vivendo personagens, acreditando na história a ser contada, vivenciando a entrega do nosso melhor para o público que, encantado por esta proposta, também se entrega a este momento mágico de um espetáculo teatral.

Como não amar esta profissão abençoada que pode ajudar tanta gente a se conhecer melhor? Uma arte que permite colocar as emoções vivas novamente, saindo da automação estressante do cotidiano, levando cada um para o mundo do sonho ou da realidade em si mesma. Libertar sua imaginação, fazer rir de si mesmo ou até do outro, se for melhor assim para você. Gosto do que diz Peter Brook em *Ponto de mudança*: "A beleza do teatro é que todos sabem que é mentira, mas querem acreditar na verdade que está sendo contada. Sabemos que o ator não morreu ao fazer *Hamlet*, mas eu quero chorar pela morte do personagem."

❝ Em teatro, tinha e tem até hoje uma brincadeira interna do elenco que acontece no último dia de uma temporada, no último espetáculo: o elenco faz o "enterro da peça". Os atores, alguns com espírito de humor, faziam coisas diferentes, pegadinhas, provocações para o colega rir. A mamãe adorava fazer isso e eu ficava danada da vida porque tudo acontecia na Companhia Nicette Bruno e seus Comediantes. Eu dizia: *Ora, mamãe,* **e ela retrucava:** *Você é muito séria, minha filha. No teatro, o elenco todo se transforma em uma verdadeira família que se forma e passa por todas as alegrias e as dificuldades da vida, mas sempre todos juntos.* ❞

É isso: teatro é código, é uma brincadeira levada muito a sério que nos lembra que já fomos crianças um dia e que, se quisermos, podemos acreditar novamente. O teatro nos ajuda a falar daquilo que incomoda, provocar reflexões e continuar vivo na memória de quem assistiu à apresentação. O lúdico transformador. É um momento efêmero, mas que pode se tornar eterno nas mentes e corações de quem se entrega ao espetáculo.

" Eu gosto mesmo de formar uma família com os atores que atuam na mesma novela, no mesmo filme. Nós todos alimentamos as relações para fora do trabalho. "

Guardo em mim inúmeros momentos assim, iluminados para sempre e vividos no palco em grandes personagens, espetáculos e apresentações. Por isso, sinto muita gratidão por tudo e por todos que me ensinaram o ofício de ser outros. Por isso, creio que na possibilidade de viver com arte, a arte é, em si mesma, o grande instrumento de aprendizado e transformação, de compreensão da ambiguidade humana, da aceitação do diferente. Sou grata por conduzir esse legado e semeá-lo também.

Beth Goulart / Espetáculo "Simplesmente eu, Clarice Lispector"

Foto: Lula Lopes / 2 de agosto de 2009

Mãe é instrumento de Deus que abre os olhos do ser à vida. Mãe é puro amor, é um ser plural, é dar mais do que receber, é amor incondicional, também é dizer não algumas vezes além de ser um constante aprendizado. Quando nasce um filho também nasce uma mãe. É uma conexão entre corpo e alma. Conseguimos sentir nossos filhos por um fio invisível que sempre nos ligará, o cordão umbilical é cortado ao nascer, mas esse cordão espiritual só se rompe quando deixamos o plano físico e retornamos para a matriz espiritual, mas mesmo assim continuamos ligados pelos laços espirituais.

ANCESTRALIDADE FEMININA

■

" Eu estreei em teatro e não existia ainda essa coisa com a televisão. A minha estreia foi muito comentada, com muita repercussão e boas críticas, foi um movimento grande de todos os artistas que adquiriam uma certa fama e vinham do teatro terem suas próprias Companhias. Então fui convidada para inaugurar o Teatro de Alumínio em São Paulo e ter a minha Companhia, lógico que aceitei. Eu era muito nova, mas eu tinha a característica da seriedade. Então, tudo que me envolvia, eu me envolvia com muita seriedade, respeito e responsabilidade; com um sentido de seriedade que recebi da minha mãe. E a direção do Teatro de Alumínio, com praticamente o tudo que isso envolvia, ficou na minha mão. **"**

Todas nós, mulheres, nascemos com o mesmo destino: o de ser mulheres e de dar um novo sentido para a humanidade a partir do feminino. Somos nós, através de uma tarefa ancestral, as responsáveis pela geração, criação e educação da espécie humana. Claro que não fazemos isso sozinhas, temos companheiros que nos ajudam – ou, às vezes, atrapalham –, mas isso depende da vida de cada uma de nós.

Herdamos um compromisso de transmitir, através da oralidade, toda a cultura de nossos povos, as conquistas, os rituais, as tradições e a sabedoria. Os celtas respeitavam profundamente as mulheres, elas eram vistas como seres especiais, pois, através delas, o mistério da vida se concretizava. Em suas entranhas o novo ser era gerado e o sopro divino surgia em seu interior. Eram elas que escolhiam seus parceiros. Era uma sociedade matriarcal, pois seguia a lei do mistério espiritual sempre ligado a esta conexão com a vida, os ciclos, a lua, as marés e a própria Terra. Durante muitos anos, esquecemos essa ligação com a Terra e o ser mãe que ela representa. Lidamos com ela como predadores, exploradores, e muitas vezes destruidores.

São ciclos de existência que duraram muitos anos, eras inteiras de aprisionamento, de dominação, repressão e silêncio. Parece que vivemos agora, na era de Aquário, um renascimento da força do feminino. Uma compreensão do que significa ser mulher hoje e sempre. Depois de muitos anos de uma educação e sociedade, em que a mulher só servia como reprodutora e sem significado maior, conseguimos, pela luta de muitas mulheres revolucionárias, conquistar direitos históricos, sociais e políticos. Hoje, temos mais voz. Podemos ser protagonistas de nossas vidas e escolhas, podemos ser independentes, empreendedoras, ousadas, criativas e livres. Livres de um conceito limitante que nos aprisionou durante muitos anos numa imagem negativa e menor.

Fomos educadas assim, por isso é tão importante nossa tarefa na educação, pois é através dela que podemos mudar o conceito do que significa *liberdade de escolha*. Ainda no Brasil temos que lutar contra a violência contra a mulher, uma vergonha que precisa ser reparada com leis cada vez mais rígidas e com a sociedade civil encampando essa causa. Uma luta pelo reconhecimento do espaço da mulher na diretoria das empresas, na política, nas artes, na imprensa. Temos muito o que conquistar ainda, mas pelo menos acordamos de um sono milenar, percebemos quando vemos uma reação de violência psicológica, quando alguém diz que você não sabe, não pode, não vai conseguir, que é feia, gorda e burra. Ninguém merece ser tratada assim, ainda mais por aqueles que diziam amar. Comecei a escrever sobre isso porque lembrei de minha família, que teve e tem muitas mulheres fortes e amorosas.

MINHAS ANCESTRAIS

Minha família é um matriarcado que começou com a presença de minha bisavó, Dona Rosa. Ela era muito forte, segura, amorosa e decidida. Acho que ela também deve ter tido, em sua própria história, alguém que lhe passou a referência da força do feminino. Ela teve que lutar contra um pai limitador, que se casou três meses depois da morte de sua mãe, deixando em seu coração uma ferida profunda. Quando se apaixonou por meu avô, Seu Josepe, ela enfrentou seu pai e foi deserdada por ele. Eram todos imigrantes italianos "conquistando a América" e fugindo da Primeira Guerra. Meu avô era aprendiz de alfaiate naquela época, e o casamento deles foi feito graças ao tio irmão de sua mãe. Casados, no Brasil, e com três filhos, Dona Rosa não se conformou em ficar apenas pregando botão nas fardas que meu bisavô fazia numa encomenda que salvou a lavoura da família. Ela não se acomodou, entrou para a faculdade de Medicina, quando era raro que uma mulher ingressasse. E, para a sua felicidade, ela se formou médica obstetra.

❝ A minha avó era médica obstetra, e foi uma das fundadoras do Dispensário Maternal de Niterói. Ela era italiana, e os domingos se sentava com a gente para ouvir a ópera no rádio. Ela se sentava com a gente e contava a história daquela ópera. Um sábado por mês, minha avó fazia um verdadeiro sarau em casa. Com os irmãos que tocavam piano e violino, com os amigos poetas, amigas declamadoras. Vovó teve até uma colega que tocava harpa. ❞

Ela foi atrás de seu sonho, de sua capacidade, de sua independência e se tornou protagonista de sua vida. Criou seis filhos e nove sobrinhos depois que a esposa de um irmão morreu no último parto.

Outra grande referência em minha vida foi minha avó Eleonor Bruno, a filha de Dona Rosa. Ela se casou muito nova, teve minha mãe, e, como minha bisavó, também quis estudar e se tornar médica. Meu avô, Synésio, era muito ciumento e seguia os padrões machistas vigentes naquela época.

Ela dizia: *Eu quero estudar.*

E ele: *Você não vai estudar.*

Ela replicava: *Eu vou estudar.*

Ele: *Já disse que você não vai.*

Ela afirmava: *Eu vou.*

Ele disse: *Então escolha a Faculdade ou eu!*

E ela por fim declarou: *A faculdade!*

E assim acabaram se separando, e minha avó recebeu todo o apoio de minha bisavó na documentação necessária para que ela fizesse a separação. Minha avó também se formou em medicina obstetrícia e passou a se dedicar totalmente à minha mãe e, consequentemente, a todos nós.

Ela era uma mulher maravilhosa, muito amorosa, e com uma cabeça muito aberta e moderna para sua época. Minha avó foi sempre uma de minhas melhores amigas, ela participou intensamente de nossa educação desde a nossa infância até as conquistas individuais e profissionais de cada um de nós. Era para ela que eu mostrava em primeira mão minhas composições, minhas ideias, minhas opiniões. Ela foi muito importante em minha vida, foi uma grande referência e porto seguro.

Tive a alegria de estrear no teatro ao lado de minha mãe e de minha avó, depois também ao lado de minha irmã, Bárbara Bruno, um privilégio que sempre agradeço ter vivido, além de muitos outros que a vida me deu e concedeu a experimentar.

Agradeço a esta ancestralidade que atravessa o tempo, ultrapassa os limites do sangue ou da distância e qualquer outra barreira de comunicação para se firmar em nós. Essa ancestralidade que nos alimenta a alma, fortalece e nos une numa *corrente luminosa de fraternidade universal,* como tão bem diz Cora Coralina em seus versos de *Ofertas de Aninha:*

Eu sou aquela mulher
a quem o tempo muito ensinou.
Ensinou a amar a vida
Não desistir da luta.
Recomeçar na derrota.
Renunciar a palavras e pensamentos negativos.
Acreditar nos valores humanos.
Ser otimista.

Creio numa força imanente
Que vai ligando a família humana
Numa corrente luminosa
De fraternidade universal.
Creio na solidariedade humana.
Creio na superação dos erros
E angústias do presente.

Acredito nos moços.
Exalto sua confiança,
Generosidade e idealismo.
Creio nos milagres da ciência
E na descoberta de uma profilaxia
Futura dos erros e violências
Do presente.

Aprendi que mais vale lutar
Do que recolher dinheiro fácil.
Antes acreditar do que duvidar.

Minha bisavó materna Rosa Danibali Bruno

Minha avó materna Eleonor Bruno

SER MÃE: APRENDI COM A MINHA

O que há de minha mãe em mim? Muito mais do que eu mesma pensava.

Antes de ser avó, somos mães e nunca imaginei que eu fosse ser tão parecida com a minha, como vim a ser com o tempo. Com o tempo, reconhecemos traços físicos e de comportamento de nossa mãe em nós, nos enxergamos através delas, passamos a compreender tantas coisas, a valorizar tantas outras. Passamos, enfim, a olhar para a vida com o olhar da sabedoria que escolhe com mais clareza o que vale a pena ser levado a sério e o que nem merece ser considerado, deixamos a vida mais leve.

Quando somos jovens temos a tendência a questionar tudo o que recebemos de nossos pais: a educação, os conceitos, os costumes, temos aquela busca natural por um olhar pessoal conquistado por cada experiência que a vida nos proporciona. Durante muitos anos, tive um olhar crítico para minha mãe, talvez por uma necessidade de comparação entre a menina que segue os passos da mãe e a mulher que questiona cada comportamento. Como sou aquariana, minha visão de mundo sempre foi mais ousada, não convencional, mais libertária e independente. Meu parto foi de cócoras, amamentei meu filho até onze meses, trabalhei até o oitavo mês de gravidez, não dei açúcar branco em seu primeiro ano de vida, me separei depois de cinco anos de casamento. Enfim, segui as referências dos anos 80, afinal, meu filho nasceu em 1982.

Minha mãe era capricorniana, ao contrário de mim, era mais tradicional, uma visão mais conservadora da vida, dedicada ao lar e à família, além de ser uma excelente profissional. Ela soube se doar como esposa e mãe. Eu só consegui fazer isso durante cinco anos, escolhi ser independente, me casar com a profissão e dar o melhor de mim na criação de meu filho. Tive que aprender a ser mãe e pai muitas vezes e isso não é fácil. Significa ter que dizer "não", colocar limites, mesmo chorando depois no quarto. Era eu quem tinha que colocar de castigo quando algo errado acontecia, dar uma bronca ou falar a sério quando ele abusava da minha paciência em determinadas circunstâncias. Pai e mãe se complementam e, quando temos que ser os dois, nem sempre conseguimos o equilíbrio correto. É muito difícil educar. Ser mãe é uma grande benção, é uma oportunidade maravilhosa de compreensão do amor maior, aquele amor que se doa, se dedica, que transcende a si mesmo, que escolhe e aceita ser responsável por outra vida dando alimento ao corpo e a alma, ensinando os primeiros passos e os primeiros valores da vida. Orientar uma criança é uma tarefa muito importante, os primeiros anos serão lembrados por toda a vida e por mais que não se valorize conscientemente são a base emocional de nossa existência. Recebi este amor incondicional de minha mãe e reconheci seu exemplo quando senti em meu ventre uma vida que pulsava, um destino que dependeria de mim até ele ser responsável por suas escolhas e seu próprio destino. Me reconheci parecida com ela cada vez que, ao encontrar meu filho, perguntava se estava com fome ou frio, aliás isso é uma praxe de toda a mãe, acho que vem de nossa primeira função materna, damos o leite como alimento e nosso colo para aquecer em nosso abraço. Continuamos a vida toda nos preocupando em alimentar e aquecer nossa cria, é um reflexo natural e automático, não importa a hora que se dê o encontro sempre perguntamos: "Está com fome, meu filho?", "Você trouxe um casaco? Está esfriando...". Me reconheci parecida com ela quando ao ser avó chorei de orgulho de ver meu filho ser pai, ao vê-lo seguir sua vida, seu casamento, sua profissão, sua casa, seu destino. Me reconheci parecida com ela quando posso curtir minha neta, contando histórias e repetindo este modelo maravilhoso feminino de amar e perpetuar o afeto através de nossas relações, valorizando a memória de quem amamos, recebendo pessoas queridas em casa, minha mãe adorava receber amigos e familiares em sua casa, eu também gosto de receber amigos e sobretudo agradecer por tudo o que recebemos.

Minha mãe era muito generosa, alegre e de muita fé, acho que também na fé somos parecidas. Aprendi com ela o poder desta chave do amor, da generosidade, da espiritualidade. Aprendi com minha mãe a verdadeira caridade, aquela que sai do coração, ajudando a todos os que estão necessitados, ajudando aos conhecidos e aos desconhecidos, a todos os que passarem em nosso caminho precisando de um afeto, um carinho, uma palavra amiga. Às vezes, ajudamos com um sorriso, um aperto de mão na hora certa. Saber falar, saber calar, saber ouvir.

Com o tempo todas nós ficamos parecidas com nossas mães e este é um mistério maravilhoso de Deus, que nos faz ficar parecidas com as nossas origens, parecidas com o modelo em que fomos criadas, parecidas com as raízes de nossa história, parecidas com a grande mãe que nos gerou a todos e quando partirmos desta vida certamente voltaremos ao seio materno cósmico através da eternidade de nossas almas.

Beth Goulart, Eleonor Bruno (vovó Nonoca), Nicette Bruno, Paulo Goulart e Flordea (Dedeia)

Arquivo Pessoal / 1982

SER AVÓ: LIBERDADE DE SÓ SER

Eu sempre quis ser avó, talvez por conta da relação tão amorosa que eu tinha com a minha. Sempre pensei que era o amor mais puro que se pode viver, porque ser avó é ser mãe duas vezes, é multiplicar esse amor aproveitando das melhores coisas que se pode viver com os netos. Afinal, a responsabilidade da criação é dos pais; nós, os avós, temos o gostinho bom de poder fazer tudo, comer doce quando sentir vontade, viajar nas brincadeiras, dormir até mais tarde, comer batata frita e pipoca sem nenhuma culpa. É dormir na cabaninha na sala, fazer a festa do pijama, contar muitas histórias, entrar na piscina e rir muito com todas as brincadeiras possíveis e com aquele amor imenso que une gerações diferentes pela liberdade de só ser.

Minha avó era maravilhosa! Ela era mais criança que nós, e assim, através de sua psicologia infantil, nos fazia ensinar para ela o que podia ou não ser feito. Quando pegávamos um objeto que poderia quebrar ela prontamente dizia: *Deixa que eu quebro. Eu quebro com mais força e mais rápido.* E nós, desesperadas, dizíamos: *Não, vó! Não pode quebrar, isso é da mamãe, ela vai ficar triste.*

Assim, com tudo, ela sempre encontrava uma maneira de nos ensinar através de sua criança interior. Ela fazia essa *ponte* tão importante na comunicação com as crianças, pois ela nos olhava nos olhos e do nosso tamanho, no mesmo nível; não era de cima para baixo, era de igual para igual e isso fazia toda a diferença. Ela nos compreendia e sabia como se comunicar conosco. Ela adorava passear com a gente, e sempre que recebia seu salário gastava tudo conosco. Sabíamos que era o dia do pagamento porque era o dia do passeio. Ela nos levava ao Mappin – era a loja de departamentos da época –, comprava brinquedos, roupinhas e íamos lanchar depois. Um lanche bem gostoso que sempre terminava com sorvete.

Minha avó foi muito presente em nossa criação e graças a ela meus pais puderam trabalhar tranquilos; às vezes minha mãe em São Paulo, meu pai no Rio, e ficávamos morando em Curitiba. Minha avó e minha tia Dedéia, sua irmã, viviam conosco e participaram de toda a nossa infância, e também de todas as nossas descobertas na infância, na adolescência até nos tornarmos adultos. Elas eram muito amorosas e nos deram uma base emocional importante através de todo esse amor, além de muitos momentos de alegria, pois eram muito engraçadas também. Vovó sempre foi mais antenada com tudo, ela era moderna para seu tempo, e Dedéia, ligadíssima na televisão, tudo que acontecia ela dizia: *Deu na televisão!* Isso se tornava uma verdade absoluta para ela.

No teatro, como eu estreei ao lado de minha avó, cada vez que eu saia de cena perguntava como tinha sido minha apresentação, e ela sempre me tranquilizava dizendo: *Foi tudo bem, hoje estava ótimo!* Ela era aquela pessoa que sabia te ouvir e dar os conselhos de uma forma direta, sem muitos rodeios. Ela era muito crítica também, e dizia umas verdades nem sempre boas de ouvir. Por exemplo, eu sempre tive problemas com minha gengiva grande, mas ela me deu logo a solução: *Minha filha quando for rir nunca ria tão aberto em vez de rir com a letra "a" ria com a letra "o" assim fecha mais sua boca e os dentes aparecem menos.* Eu nunca consegui fazer isso, nunca mudei minha maneira de sorrir mesmo sabendo que não ficava tão bonito, mas ela me amava mesmo assim.

Mais tarde tive a alegria de poder homenageá-la através do espetáculo *Dorotéia minha,* um pouco de sua história passou para mim e pudemos dividir com o público através do Teatro.

Cada vez que vejo minha neta, Maria Luiza, e fico com ela, inconscientemente viro criança também. Acho que é a lembrança da avó maravilhosa que tive, que eu gostaria de ser para minha netinha. Desejo ser pelo menos um pouquinho dessa referência tão importante de amor, parceria e cumplicidade que ela foi para mim. Maria Luiza pode ter a certeza de que encontrará em mim um porto seguro para o qual poderá dizer tudo, ser, sentir e dividir tudo durante toda sua vida.

Ela pode e poderá contar comigo nos bons e maus momentos, estarei sempre de coração e braços abertos para suas dúvidas e descobertas, suas certezas e seus questionamentos.

Às vezes conseguimos falar melhor com nossos avós do que com nossos pais, e acredito que nós, avós, estamos aqui para isso. Para ajudar sempre, para ter essa alegria de acompanhar o crescimento e desenvolvimento de nossos filhos e netos. Essa é uma grande alegria que a vida nos dá: ver nossos amados bem na vida, seguindo cada um o seu propósito de vida e sendo felizes. Assim sentimos que cumprimos bem nosso papel diante da família.

Gratidão, minha vó Eleonor, por todos esses momentos de felicidade.

Gratidão, meu filho, João Gabriel, por poder ver você voando alto em seus sonhos e realizações.

Gratidão, minha neta, Maria Luiza, por acompanhar a beleza das gerações que se reciclam e se renovam através do amor.

Eleonor Bruno (vovó Nonoca) e Beth Goulart

Arquivo pessoal 1999

Beth Goulart no espetáculo "Dorotéia Minha" em homenagem a sua avó Eleonor Bruno

Foto: Nana Moraes

O tempo é relativo, depende da referência que se dá a ele. Quando, em estado absoluto, no infinito o tempo não existe. Não há passado, nem futuro, o tempo é tudo. Por isso temos que *valorizar o agora*, que é quando podemos sentir e viver o tempo presente. É no presente que construímos o futuro e o passado nos dá base e sustentação para agir no presente. Os budistas nos ensinam a viver o aqui e agora como única realidade tangível, a respiração consciente nos coloca neste lugar, o de total percepção do que está acontecendo no momento, sem a distração de nossa mente que se perde na abstração da realidade. É um grande exercício para se viver o agora.

PERDAS E GANHOS

Estava fazendo uma temporada de sucesso em São Paulo do espetáculo *Simplesmente eu, Clarice Lispector* quando recebi o telefonema de Guilherme Amaral, o agente literário de Clarice. Ele me convidava para fazer a adaptação e a direção do livro *Perdas e ganhos,* da Lya Luft, para o Teatro e eles gostariam muito que a encenação fosse protagonizada por minha mãe.

Foi um convite irrecusável, eu já havia lido este livro e sempre fui encantada pela obra de Lya Luft. Inclusive, quando a conheci pessoalmente numa premiação da Editora Record em que fui apresentadora, perguntei a ela se não pensava em levar para o teatro sua obra. Ela me disse que sempre teve vontade, algumas pessoas fizeram espetáculos inspirados em seus livros, mas que era uma linguagem nova para ela.

Ainda sob o impacto do convite, fui reler este livro que foi e continua sendo seu grande *best-seller. Perdas e ganhos* é um livro-depoimento, que foi escrito por Lya depois da morte do pai e quando vivenciou a perda de um grande amor, o psicanalista Hélio Pellegrino. O enredo é um grande desabafo e um convite à reflexão. Um chamado para encarar a vida como um processo constante de perdas, porque elas fazem parte do ciclo da vida, mas não podemos deixar de ver e valorizar tudo o que ganhamos também nessa caminhada de superação, aprendizado e descobertas. É um livro muito revelador.

Quando me deparei novamente com o livro, senti o peso do desafio à minha frente. Como extrair dramaturgia de um depoimento? Ela conta sua história, mas também a história de todos nós. Como fazer teatro neste formato tão direto e sem ação cênica? O relato poderia ser visto como uma palestra, ou uma aula ou ainda um *talkshow*. A primeira coisa que pensei foi trazer as palavras de Lya para o universo de minha mãe. Seria a história de vida de minha mãe que seria contada, ela tem lastro suficiente para falar sobre todos estes assuntos.

Assim iniciei o desafio de *Perdas e Ganhos*, escolhendo quais dos temas do livro que seriam abordados no palco. Escolhi começar pelo início mesmo, a infância, como é desde cedo que sofremos as influências que vão marcar toda a nossa trajetória de vida. Decidi que ela iria contracenar com imagens, o cenário deveria servir de base para que as projeções envolvessem a narrativa, criando um ambiente mais acolhedor e decorativo.

Fazendo a ponte entre a Lya e mamãe, buscamos imagens da infância dela para mesclar com a de outras crianças e sai à procura de personagens para mesclar ao corpo principal do espetáculo que era um depoimento. Encontrei três personagens de um outro livro de contos de Lya Luft intitulado *O silêncio dos amantes*: a *mãe*, o *anjo* e os *amantes*.

A história seguia para a família e consequentemente para a educação que recebemos de nossos pais e a que também damos aos nossos filhos. Nesse bloco, inseri o primeiro personagem: a mãe. Esse conto mostra uma mãe que sempre achou que conhecia bem seu filho; ele sendo muito introspectivo, silencioso, diferente dos outros filhos, ela sempre achou que tinha diálogo com ele, que ele nunca esconderia nada dela, até que um dia ele sobe até a Pedra da Bruxa, seu lugar preferido, e voa em direção ao seu sonho. Ninguém sabe o que aconteceu, ninguém acredita, ele simplesmente sumiu. Um pescador das redondezas viu quando ele abriu os braços e saiu voando. A mãe volta sempre ao mesmo local na esperança de que um dia seu filho volte, pouse ao seu lado e fiquem assim silenciosos, mas próximos na dimensão do sonho e do amor.

A narradora Nicette volta e começa a falar sobre a construção do eu, a velocidade das comunicações, a sociedade se transformando incessantemente, o futuro batendo à porta. A sociedade mudou, mas as emoções humanas não mudaram, a alegria pode ser um grande combustível para seguir adiante. O que queremos ser? Somos felizes? Conhecemos nossos sonhos e desejos? Somos o que gostaríamos de ser? Nestas reflexões conhecemos o segundo personagem: *o anjo*.

Essa cena foi toda filmada como um curta-metragem. O conto foi inteiramente adaptado para a linguagem cinematográfica que tomava toda a cena neste momento. O filme conta a história de uma dona de casa que acorda um pouco diferente, sentindo dores nas costas na altura das escápulas, mas ela segue sua vida na mesma rotina de sempre. Ao se olhar no espelho, se acha um pouco mais bonita do que de costume e resolve cortar o cabelo. O marido nada percebe e quando ela pergunta se notou algo diferente ele responde: *Você trocou o tapete?*

Ela sorri e perdoa. Ela sempre perdoa. Na hora do banho, ela resolve tocar suas costas e percebe que estão maiores. Ao tocar com sua mão no local exato, elas começam a vibrar e num impulso se abrem como num grande sorriso. Eram as asas. Elas se abrem e se movimentam levantando seu corpo do chão. Ela não estava doente, não era um problema, era uma grande solução: ela tinha virado um anjo.

Os contos deste livro falam dos pequenos milagres do cotidiano numa linguagem meio fantástica, mas cheia de significados. Minha mãe, nessa hora, trocava seu figurino para falar da autoestima e como é preciso se amar para poder amar melhor o outro, aquele que será o seu escolhido. Mamãe falava, nessa hora, do amor por meu pai.

Sabe? Quando eu estava preparando a dramaturgia do espetáculo, num dia em que estava justamente escrevendo sobre eles, tive uma intuição de que o espetáculo só aconteceria depois de sua morte. Rapidamente afastei este pensamento de mim, não queria pensar nisso naquela hora. Meu pai nem estava doente ainda, e ele era um grande incentivador desse trabalho. Ele sentia muito orgulho do trabalho, acreditava em minha linguagem e estava muito feliz de eu estar dirigindo a mamãe num novo desafio artístico. Ele me fazia questão de uma coisa, dizia: *Só te peço uma coisa: que ela toque piano.* Para quem não sabe, mamãe ia ser concertista se não fosse atriz e tocava piano muito bem. Eu disse a ele: *Fique tranquilo, ela vai tocar piano.*

Quando ele ficou doente, o trabalho parou, não dava para se dedicar a nada mais a não ser a ele e sua saúde. O projeto ficou em suspenso, aguardando a hora certa para nascer. E não deu outra, quando ele partiu, eu sabia que a hora era aquela. Tinha chegado a hora certa para este trabalho. Para ela, era fundamental que tivesse algo para se dedicar, e eu pensava naquele momento que seria uma luz para ela. Trabalho é vida, e ela precisava de um chamado para a vida e a arte. Deus nos deu a oportunidade de transformar nossa dor em arte.

Isso aconteceu com toda a dificuldade que tivemos, pois não foi um processo fácil. Ela parava várias vezes para chorar, e eu dizia: *Mamãe, respire. Pense em todas as pessoas que também estão vivendo este processo, podemos ajudar essas pessoas.* Ela parava, respirava e retomava o trabalho. Essa foi uma forma amorosa e linda de homenagem ao meu pai. Era o que podíamos fazer e assim foi feito.

Nessa parte, em que ela falava do grande amor de sua vida, assistíamos a ela mesma tocando no piano a música que compôs para ele. *O amor mais que tudo nos revela*, dizia Lya. Não há receita, não há escola, não há manual para ser feliz. O cenário era um grande mar que nos levava através das emoções para o porto seguro da compreensão.

Aí vem o tempo, como o outono da vida. Vivemos ciclos e também perdemos a juventude, mas ganhamos a maturidade, a sabedoria. Ela se pergunta se com o passar do tempo passa também o nosso tempo? Jamais. Estamos vivos e atuantes, com desejos e aspirações, animados para a descoberta que nunca se acaba. Acontece aí o último conto que são: *os amantes.*

É a história de um casal que se conhece na maturidade da vida e que vivenciou, cada um a seu modo, perdas profundas. Ela perdeu o marido para outra, para o divórcio; e ele perdeu sua mulher, que estava grávida, durante um assalto em que foi assassinada. Ela compreende que a dor dele é mais difícil de esquecer, mas os dois estão aí tentando novamente ser felizes, cada um com seus silêncios, seus mistérios, seus segredos, mas juntos estão se dando uma segunda chance para a felicidade.

Volta o mesmo cenário do início, um corredor de espelhos dando a sensação do infinito e o monólogo final é de uma sincronicidade incrível com o que estávamos vivendo. Ela diz:

❝ Quem sabe perder nos faça amar melhor isso que só nos será tirado no último instante: a própria vida.

A perda da saúde se compensa com lenitivos e melhorias que a medicina traz.

Perda de dinheiro ou emprego podem ser remediados.

Perda da juventude tem a ver com o quanto somos vazios.

Mas a perda do amor levado pela morte é a perda das perdas.

Ela nos obriga a andar por cenários de nosso interior mais desconhecido: o das nossas crenças, nossa espiritualidade, nossa transcendência.

Aprender a perder a pessoa amada é afinal aprender a ganhar-se a si mesmo, e ganhar de outra forma. Realmente assumindo todo o bem que ela representava.

A morte não nos persegue, apenas espera, pois nós é que corremos para o colo dela. Somos mais que corpo e ansiedade, somos mistério, o que nos torna maiores do que pensamos ser.

Aprendi que a melhor homenagem que posso fazer a quem se foi é viver como ele gostaria que eu vivesse. Bem, integralmente, saudavelmente, com alegrias possíveis e projetos até impossíveis.

Onde eu possa ainda acreditar não faz muita diferença em quê, desde que não seja no mal, na violência, no negativo.

É o poderoso ciclo da existência. Estamos nele como árvores da floresta.

Viver como talvez morrer é recriar-se a cada momento. Arte e artifício no espelho posto à nossa frente ao nascermos.
A vida não está aí apenas para ser suportada ou vivida, mas elaborada, reprogramada, conscientemente executada.
Não é preciso fazer nada de espetacular, mas que o mínimo seja o máximo que a gente conseguiu fazer consigo mesmo! "

Ela segue no corredor infinito sempre no caminho para a luz. As cortinas se fecham. Fim do espetáculo.

Fazer teatro é encarar-se diante da vida, e agradeço à Lya Luft que nos ajudou tanto a compreender quem somos, onde estamos e para onde vamos. Agradeço também à minha mãe, que me deu raízes e asas; e a Deus pelo momento presente, o *instante já* que nos permitiu fazer esta homenagem ao meu pai.

Nicette Bruno tocando piano para o espetáculo "Perdas e Ganhos"

Arquivo Pessoal / Ano 2014

Nicette Bruno e Beth Goulart no espetáculo "Perdas e Ganhos"

Crédito da Foto: Nana Moraes / Ano 2014

APRENDER COM O AMOR

❝ Quando Paulo morreu, eu tinha certeza de que a nossa missão juntos tinha acabado. Mas, quando chegasse a minha hora, eu o reencontraria e nós continuaríamos juntos a cumprir a nossa missão. Ela foi junta no momento em que estávamos encarnados os dois e espero que vá continuar. Espero que a gente se reencontre novamente. **❞**

Minha mãe partiu! E agora? Como dói... Como vou continuar sem você? É como um parto ao contrário, e não existe parto sem dor, não é mesmo? Perder a mãe é algo muito profundo. É a nossa primeira conexão com a vida, é uma ligação de corpo e alma. Perder o pai é muito ruim, mas perder a mãe te joga no vazio. É um novo nascimento. Estamos órfãos, não teremos mais seu colo, sua palavra amiga, seus conselhos, sua força. Não teremos mais quem abraçar e beijar, quem agradar e receber agrados. Agora tudo se tornou virtual, uma ideia, uma lembrança, uma imagem, um sentimento.

Todos os ensinamentos agora estão dentro de nós, na lembrança, na saudade, nas imagens, nos pequenos objetos que guardamos como símbolos do afeto, nas histórias que contamos para as outras gerações, nas lembranças engraçadas, nos pequenos detalhes de uma vida.

Tivemos, eu e meus irmãos, o privilégio de conviver com mamãe por toda a nossa vida, eu, pelo menos, vivi 59 anos de muito amor e cumplicidade. Aprendemos agora a conviver com sua ausência. Isso nos obriga a olhar para nós mesmos e descobrir nossa força. Quem somos nós, diante da vida, do mundo e de nós mesmos.

Agora temos que assumir nossa voz, nossas vontades, nossa coragem e insegurança muitas vezes, nossa sabedoria ou dúvida, nossa própria autoridade. Autonomia, independência, responsabilidade, liberdade de ser.

Agora meu compromisso é comigo mesma, com meu propósito de vida, com minha fé, minha família, minha arte. Meus sentimentos e meu olhar para o mundo. A clássica pergunta "quem sou eu?" se intensifica dentro de nós e aí descobrimos um caminho. O caminho do autoconhecimento, da autoestima, da autoconfiança. É um caminho sem volta. Agora são nossos pés que escolhem a melhor estrada. São nossos valores que orientam as atitudes. É, enfim, a nossa esperança que semeia novas oportunidades. Estou aprendendo a ser mãe de mim mesma, me ninar nas noites sem sono, me acalmar nas adversidades, me alegrar quando recebo carinho e afeto, me preparar para servir cada vez mais e melhor ao todo que pertencemos.

Aprendi pelo exemplo de minha mãe a beleza da gentileza, da generosidade, da caridade. Já disse algumas vezes que uma das grandes lições que aprendi com minha mãe foi a caridade, porque ela nos levava quando visitava asilos e orfanatos, quando fazia doação de alimentos para os mais necessitados, e isso marcou nossa alma com a importância de olhar para o próximo e ajudar o mais que pudermos. Aprendi com minha mãe a força da fé, e isso me preparou para tudo na vida, para descobrir meus recursos internos e uma profunda confiança no poder superior de Deus. Nas orações que fazíamos em casa, aprendemos o poder das palavras e da conexão com as forças do bem, nos ensinamentos de Jesus, o nosso Mestre, na sabedoria da filosofia do equilíbrio, da lei da causa e efeito, das dimensões da espiritualidade, do sentimento criador e transformador da humanidade e do Universo que é o amor. O amor é a luz em qualquer escuridão.

Depois da experiência tão forte da perda de minha mãe senti a necessidade de dividir, em minhas redes sociais, esses sentimentos, essas reflexões, essa maneira de encarar a vida e a morte, dizer algumas palavras na intenção de quem sabe dividir com tantas pessoas que também estavam vivenciando suas perdas diante da pandemia do coronavírus. Um pouco de solidariedade, de compaixão, de apoio, esperança e fé através do amor. E acho que está dando certo, porque muitas pessoas têm me agradecido por ouvir uma mensagem que parece que foi feita para elas. Fico muito feliz por isso. Sinto-me grata por essa oportunidade de aprendizado e doação.

O ser humano, mesmo com a dor, tem a sensação do amor. Essa é a grande missão que temos de ajudar a transformar a humanidade pela consciência do amor. Somos seres de luz em evolução e crescimento para aprender uns com os outros e para servir ao bem maior. Como diz uma oração que faço todas as manhãs: *Pelo amor vivo, movo-me e existo. O amor é Deus!*

MATERNIDADE

São as mães que nos abrem as portas da vida. Através delas, aprendemos o amor. Quando nascemos, percebemos como é importante o afeto no primeiro abraço que tivemos. No calor de seus braços é que recebemos o alimento que nutre nosso corpo, e o seu olhar que nutre nossa alma. Na infância, aprendemos a importância da educação que orienta nossas descobertas, a alegria das brincadeiras e a formação de nosso caráter. Aprendemos na adolescência a respeitar nossa individualidade, aprendemos que, para ter liberdade, é preciso respeitar quem é diferente e que a diferença pode ser o que falta para nos complementar.

Quando ficamos adultos, lembramos dos valores que aprendemos e do exemplo que as mães são para repetirmos com nossos filhos as suas qualidades. Elas nos dão raízes, a nossa base emocional, e asas, nossa capacidade de sonhar. Também são elas que nos incentivam a voar. Na maturidade, é nelas que vemos a beleza do tempo com toda a sua sabedoria e compreensão.

A maternidade é uma ponte entre a eternidade e a vida. Valorize sua mãe, dê a ela todo seu amor, retorne em palavras, carinho, afeto e dedicação tudo o que recebeu dela. Elas também nos ensinam a gratidão.

A DESPEDIDA DE MINHA MÃE

Comparativamente falando, o luto de minha mãe foi totalmente diferente do meu pai. A começar pela doença. Depois de dez meses de completo isolamento, cumprindo todos os protocolos de segurança, álcool gel, lavar sempre as mãos e o uso de máscaras, ela recebeu uma visita. Foi numa visita. Uma única visita foi responsável por trazer o vírus da Covid-19 para minha mãe. Em 21 dias, ela já não estava mais entre nós. Foi tudo muito rápido. Ela não podia pegar, estava com 87 anos, iria fazer 88 em janeiro, tinha diabetes, havia feito dois *stents* no coração. Então, como disse seu médico, Dr. Marcelo Sampaio, era a tempestade perfeita. Ela não poderia pegar o vírus. Mas minha mãe era muito alegre, adorava receber visitas, estava com muita saudades de pessoas queridas, que também queriam vê-la, e, por mais que eu fosse até aquela figura chata que lembrava a ela toda a hora que não podia se descuidar, ela aproveitou que eu não estava para se abrir para o desconhecido e o já conhecido vírus entrou.

Ë tudo muito cruel, pois essa doença separa as pessoas, deixa o doente solitário e as famílias impotentes e inseguras. Ficamos de braços atados, não podemos fazer nada para minimizar o sofrimento de quem amamos. É muito angustiante. E por conta dessa sensação de isolamento e, ao mesmo tempo, de fazer parte de um número enorme de pessoas que também estavam sentindo o mesmo sentimento que nós, que eu comecei a me comunicar através das redes sociais. Primeiro, para dar notícias sobre minha mãe, seu estado de saúde; e depois para me unir a todos neste momento de aflição e incertezas. Propus um momento de oração coletiva para fortalecer a ela, mesmo à distância, e para todos os outros doentes também e suas famílias.

Comecei a ter um retorno muito positivo sobre isso. Percebi que muitas pessoas precisavam de uma palavra, um consolo, um caminho, um carinho. Várias pessoas estavam desesperadas sem saber o que fazer, o que pensar, o que sentir. A perda é uma experiência muito difícil, pois perdemos referências de vida, de apoio, de sustentação, de sentido muitas vezes. Comecei a falar sobre conceitos que acredito, a dar força e amor através das palavras, e a partir disso deixo meu coração falar por mim. Leio algumas mensagens que me fazem bem e acho que podem fazer bem a outros também, então replico seu sentido para que outros ouvidos possam ecoar esperança, fé, compreensão, resiliência, compaixão.

Neste momento, temos que nos ajudar, estender as mãos mesmo que de uma forma virtual para o próximo e dizer: você não está só. Estamos todos juntos passando por isso. Não está fácil para ninguém, mas cada um pode superar isso descobrindo seu poder. Temos dentro de nós uma usina de energia e podemos alimentar com pensamentos e sentimentos positivos. Da mesma forma que comemos alimentos necessários ou danosos para nosso corpo, assim também podemos fazer com a nossa alma; alimentar de coisas positivas ou tóxicas para nosso dia a dia. É uma questão de escolha e treinamento. Não devotamos um tempo para fazer exercícios para nossos músculos? Por que não podemos dedicar um tempo para meditar? Para orar, para ler, para refletir, para ouvir o silêncio ou olhar para a natureza, se encantar com a lua e as estrelas. Tudo isso nos conecta com o poder superior que está presente na respiração do mundo. Na chuva, nas plantas, nos animais e também em nós, em nossos sorrisos e nas lágrimas de nossa alma.

Fomos impedidos, no caso de minha mãe, de chorar nossa perda num ombro amigo, de concretizar a despedida ao lado de pessoas queridas, de receber o abraço apertado, receber a presença dos amigos, dos colegas, da família, dos admiradores e fãs. Foi um grito entalado na garganta, um choro engasgado. Um grande vazio, uma solidão! Parece que ela foi viajar e não voltou mais. Na verdade, foi mesmo, para um novo plano, mas para concretizar o luto precisaríamos vivenciar os rituais da despedida com todas as homenagens que ela merecia. Tudo teve que ser diferente. Ela foi reverenciada por todos, pela mídia, pela família, amigos, colegas e o grande público, mas tudo à distância, e isso fez diferença.

Sentimos falta da energia do calor humano, estamos aprendendo o valor de um beijo, um abraço até de um aperto de mão. Como faz falta o toque, o olhar, a presença do outro. Tudo isso nos foi tirado pela pandemia. Tivemos que perder o que estava mais próximo de nós para valorizar essa proximidade. Perder os mais longevos e sábios para recuperar o valor do tempo.

Estarmos isolados no espaço para valorizarmos as pessoas queridas e um passeio à beira-mar no parque ou no jardim. Hoje, um passeio pode ser fatal, um abraço pode ser contagioso, uma volta para casa pode ser um perigo para quem amamos. Será que não estamos vivendo isso para aprendermos o que é essencial para nós? O que realmente importa na vida? Será que não estamos precisando valorizar a própria vida? Podemos perdê-la a qualquer momento, e eu vejo tantas pessoas inconsequentes, desperdiçando a oportunidade de evoluir, de se tornar alguém melhor na trajetória de uma vida. Se soubessem o quanto é importante, para o todo, o crescimento de cada um, talvez parassem de olhar só para si e se importassem mais uns com os outros. Talvez a humanidade descubra que o amor é um sentimento salvador, que ilumina as consciências e desperta a alma do sono letárgico do egoísmo.

Não se iludam, estamos passando por um processo de seleção evolutiva, o planeta Terra também está evoluindo e, para viver aqui, temos que estar mais conectados com a energia do planeta, cuidando de sua saúde, da terra, das plantas dos animais. Estamos conectados com tudo, e tudo nos afeta. A saúde do grupo depende da saúde de cada um, então somos responsáveis uns pelos outros, a nossa felicidade depende da felicidade do outro. Como posso ser feliz se vejo tanta infelicidade ao meu redor? Posso contribuir de alguma forma para o bem-estar de quem está ao meu lado? Pensando assim, vamos construir uma sociedade mais humana e justa, mais amorosa e participativa, mas isso leva tempo, porque também leva um certo tempo para que todos acordem para a construção da nova era da humanidade. Enquanto isso, temos que ter paciência, resiliência, compaixão, esperança e muita fé no amor. Dele nascemos e voltaremos no momento certo para cada um.

Nicette Bruno
Crédito da Foto: Nana Moraes / Ano 2014

Esperança é acreditar que no fim tudo vai dar certo. Mesmo seguindo em curvas, encontrando obstáculos e dificuldades. No final sabíamos que era o caminho correto que tínhamos que seguir. Cumplicidade com Deus, confiança nos desígnios divinos.

BUSCANDO AUTONOMIA

Desde muito cedo, busquei minha própria voz. Claro, sempre honrando e agradecendo minha formação e minhas raízes, mas senti necessidade de beber em outras fontes para construir o meu aprendizado.

Comecei ao lado de minha mãe, minha avó e depois minha irmã, num espetáculo produzido por meu pai, mas logo após a primeira experiência, passei a trabalhar com outras pessoas, queria conhecer outros olhares, outras referências.

Minha adolescência foi muito difícil e introspectiva. É um momento doloroso, sofrido mesmo, porque para descobrir a própria identidade de certa forma rompemos com nossa primeira referência. É como um segundo corte no cordão umbilical, de uma forma mais subjetiva.

QUEM SOU EU?

"Quem sou eu" é a pergunta mais importante e crucial a se fazer na adolescência, e em todos os outros momentos da vida. O processo de individuação não é fácil, eu vivia dentro de meu quarto, no meu mundo interior, ao lado de meus livros, que eram meus melhores amigos, em profundo questionamento existencial. Foi quando li Clarice Lispector pela primeira vez. Aquilo foi uma revelação, pois me questionava como ela conseguia olhar dentro de mim e me conhecer tanto? Só ela me entendia, só ela reconhecia meu silêncio e penetrava em meu mistério.

Fiquei fascinada por Clarice Lispector. Já naquela época, lia muito Fernando Pessoa, um dos meus poetas preferidos, Nietzsche, Fritjof Capra, Jung, Pietro Ubaldi, Allan Kardec, Platão. Enfim, recriava minha filosofia de vida através da literatura e da intuição. Gosto muito de ler e sou muito grata a cada livro que já li, até porque tenho uma relação afetiva com meus livros, abraço e beijo quando a leitura me traz reflexões e aprendizados. Gosto do cheiro, do toque, sinto a gramatura das páginas, de analisar o projeto gráfico. Enfim, sou uma apaixonada pela leitura.

Naquela época, eu me sentia um pouco deslocada no tempo e no espaço. Na escola não tinha muitos amigos, pois minha cabeça e alma eram muito mais velhas que meu corpo; tanto que só namorava meninos bem mais velhos que eu, dez anos no mínimo. É claro que não dava muito certo, porque por mais que me esforçasse para ser adulta, ainda não era de todo, então vivia deslocada, estranha, diferente.

Gostava de esportes, eu ia muito bem nas competições da escola, ganhava tudo, e isso me incentivava a continuar. Até que fui convidada a ser atleta militante pelo Pinheiros, para competir com eles. Cheguei a treinar com o João do Pulo, mas eu era muito determinada a ser atriz, então o lado esportista dentro mim perdeu a vez quando, num treino, achei que iria ficar muito musculosa e isso iria interferir em minha carreira de atriz. Larguei tudo na hora!

Nunca tive dúvidas de ser atriz, era muito forte esta certeza dentro de mim e minha vida se pautou por essa confiança em meu sexto sentido. E para isso me dediquei a estudar, até porque uma atriz precisa ler, precisa trabalhar o corpo e a voz.

Outra grande companhia em meu mundo dentro do quarto era a música. Adorava cantar e compor. Aprendi a tocar violão e, com alguns acordes, fazia várias melodias diferentes e exercitava minha veia poética. Meus namorados eram sempre músicos, e eu aprendia com eles e compunha muito. Ficava horas dentro do quarto e de repente saía e dizia para minha mãe e, principalmente para minha avó, que era minha grande incentivadora. *Fiz outra música, vó, veja se gosta.* Eu cantava e tocava e era muito feliz fazendo isso, depois voltava de novo para meu mundinho. Assim fui desenvolvendo meu processo criativo.

MEU PROCESSO CRIATIVO

Sempre gostei de fazer cursos, muitos *workshops* de teatro, dança-teatro, canto, teatro físico, pesquisa de linguagem em teatro. Alguns foram fundamentais em minha formação e uso até hoje em alguns trabalhos. Adoro quando tem preparação em cada trabalho porque vou entrar em um novo universo, sair da zona de conforto e crescer. Alguns foram muito importantes, como um curso que fiz com Juliana Carneiro da Cunha; na época, ela estava voltando para o Brasil, grávida, depois de participar de um grupo de dança de Maurice Béjart. Esse curso foi tão importante para mim que abriu minha cabeça e preparou meu corpo para novas linguagens. Eu tinha dezesseis anos e até hoje uso alguns exercícios que aprendi com ela em minhas aulas de teatro.

Outro curso fundamental foi um ano inteiro de Butô, com, Maura Baiocchi, que mudou para sempre a sensibilidade de minhas mãos e pés. Foi na preparação do meu primeiro espetáculo solo, *Pierrot* (1991). O Butô é uma dança oriental criada por Kazuo Ohno, depois de Hiroshima e Nagasaki. Ele diz que o Butô é a dança da criança no ventre da mãe, a dança de uma flor ao desabrochar, é uma dança que se faz em estado alterado de consciência, é uma manifestação sutil da alma. Fiz um mergulho muito profundo nesse aprendizado e sai transformada por essa experiência. E com um espetáculo muito bem encaminhado, só mais algumas pesquisas de Commedia Dell'arte, um pouco de Clown e pronto.

Cada trabalho tem sua característica e é uma nova viagem. Outros trabalhos de pesquisa muito interessantes foram *Barbazul* (1995) e *Amor consciente* (1997), com direção de Celina Sodré, dentro do Studio Stanislavski, um laboratório de pesquisas teatrais muito inspirado no trabalho de Jerzy Grotowski, e seu método de ator criador. É uma técnica desenvolvida em memória afetiva e corporalidade. Trazer à tona impulsos do inconsciente e depois associar com uma outra ideia temática. É um trabalho muito delicado, profundo e o resultado é surpreendente. Grotowski dizia que "a criatividade consiste em descobrir o desconhecido", é um processo muito inspirador.

Uma fase especial de minha carreira também foi o Teatro Musical, quando fiz *Cabaret* (1989/90) com direção de Jorge Takla. Foi maravilhoso, adorei aprender sapateado no Kika, Tap Dance, Dança Jazz com Ruth Rachou; canto lírico com Marga Nicolau. *Cabaret* foi um grande espetáculo com 21 atores e bailarinos, mais uma orquestra feminina de seis integrantes. No elenco ainda estavam Diogo Vilela, Mira Haar, entre outros atores talentosíssimos. Outro grande musical foi *Somos irmãs* (1999), de Sandra Louzada, sobre a vida das irmãs Batista, Linda e Dircinha. Este trabalho foi ao lado de minha mãe, Suely Franco, Claudia Netto, também um elenco fantástico com direção de Cininha de Paula e Ney Matogrosso. Esse espetáculo era lindo, uma unanimidade, um trabalho maravilhoso da mamãe e Suely que faziam as duas cantoras na fase da decadência, e eu e Claudia Netto fazíamos o auge do sucesso. Era tão lindo o trabalho delas que as duas concorreram ao Prêmio Shell de Teatro, e, pela primeira vez, os jurados deram para as duas, porque era impossível não valorizar a entrega e a sutileza da interpretação dessas duas divas do teatro brasileiro.

Para mim, foi uma honra e um aprendizado constante trabalhar ao lado delas e de todo este elenco maravilhoso. Eu entrei na última temporada carioca do espetáculo, realizada em sessões populares no Teatro João Caetano, e participei de toda a carreira paulista, nos teatros Cultura Artística e Hilton. Casas lotadas todas as noites, era uma comoção, as pessoas cantavam as músicas, riam e se emocionavam com a história desta dupla de cantoras tão talentosas – que viveram o auge do sucesso nas rádios –, a decadência física e moral do abandono em seu final de vida. A história da falta de memória e respeito aos grandes artistas brasileiros que não são valorizados e acabam esquecidos do grande público e da mídia em geral.

Fui uma privilegiada por trabalhar com tantos artistas talentosos, aprender tanto com eles, com os atores e diretores, cada um com sua linguagem, com sua estética, e sua personalidade. Aprendi a valorizá-los desde cedo. Antônio Abujamra era um diretor único, com toda a sua bagagem teatral elaborada em sua formação no Berliner Ensemble, uma companhia teatral alemã fundada por Bertolt Brecht. Ele adorava atores técnicos, com domínio de seu corpo e voz, pedindo a eles a precisão de gestos característica de seu teatro. Ele foi minha primeira e grande influência, tanto que no espetáculo *Simplesmente eu, Clarice Lispector* fiz uma cena totalmente dedicada a ele e ao seu trabalho. Era a cena do conto "Perdoando Deus", que já mencionei anteriormente. Aquela caminhada em círculos era uma característica de sua direção. Te amo muito, Abu, para sempre.

Outros diretores também foram muito importantes para mim, como Gerald Thomas, por exemplo. Ele havia chegado há pouco tempo de Nova York, onde morava; estava casado com Daniela Thomas, outra grande cenógrafa, figurinista e responsável pela estética impressionante de seus espetáculos. Eles chegaram com uma nova linguagem. Os conheci em um *workshop* que fiz recomendado pela Juliana Carneiro da Cunha, a quem já me referi como inspiração de um tipo de atriz que me interessava ser; profunda, entregue, usando o corpo como um instrumento bastante afiado para a comunicação com o espaço e as emoções.

Juliana e eu fizemos juntas um estudo, que se baseou em cima de tragédias gregas e Nelson Rodrigues. Eu adorei a proposta, a linguagem e o desafio, porque era tudo o que eu queria. Na época, estávamos muito presentes na televisão, pois fazíamos juntas a novela *Selva de pedra;* e eu queria muito romper com a imagem de boazinha, atriz de novela, filha de pais conhecidos. Queria romper com uma imagem que me aprisionava um pouco e me impedia de alçar voos mais ousados. Caiu feito uma luva entrar no espetáculo *Electra com creta* (1986/1988), de Gerald Thomas, que nasceu como um ensaio para *Dorotéia,* de Nelson Rodrigues, uma outra peça que adoro, mas que não conseguimos os direitos autorais para montar. Então, *Dorotéia* se transformou em *Electra.* Foi um espetáculo inovador com toda a sua estética, sua proposta e seu resultado, muito diferente do que se conhecia até então.

O espetáculo *Electra* com creta estreou no espaço do Museu de Arte Moderna (MAM), no Rio de Janeiro. Usávamos aquela parede de concreto enorme do Museu, eram corredores simétricos com uma luz potente lateral que dava uma sensação de sonho, as luzes acendiam em um corredor e apagavam, quando acendiam novamente a ação já estava em outro corredor, dando uma ilusão de ótica e estranheza muito interessantes para a narrativa. Era cinema ao vivo. A iluminação era linda, a música era a *Sinfonia n.º 5* de Shostakovich; nós usávamos cabelos coloridos, com corte meio *punk*; um figurino criativo, mesclando passado e futuro. Foi um marco na temporada teatral da época, um ícone de modernidade. Nós éramos a trupe dos diferentes, dos ousados, dos moderninhos do teatro. Muita gente não entendia nada do espetáculo, e nem era para entender. Era uma sensação estética, não precisava ser entendido, o importante era a sensação que causava se aproximando muito de uma instalação de artes plásticas múltiplas, unindo linguagens. Aliás, não foi à toa a escolha de um Museu como espaço cênico. Era um espetáculo lindo. A temporada de São Paulo foi no Teatro Anchieta do Sesc Consolação e também foi de muito sucesso. São muitos anos de estrada e estamos sempre começando.

MOÇA VELHA

Quanto mais velha ficava, mais moça me sentia. Foi um movimento inverso, fui aos poucos ficando mais leve, sem tantas preocupações, aceitando melhor o ritmo das coisas e entendendo melhor o processo da vida. Fui deixando de lado minha vontade de controlar as coisas e me deixando ser levada pelo fluxo natural da vida. Fui encontrando pouco a pouco a felicidade, confiando mais na sabedoria divina, no desconhecido, no fluxo do universo e as coisas foram melhorando para mim. Deixei de resistir e lutar contra a onda e acabei surfando com prazer até onde ela queira que eu fosse. Quando se é jovem se cobra muito, queremos ser perfeitos, ser aceitos, ser bonitos, queremos corresponder ao desejo dos outros e esquecemos de nós mesmos, dos nossos anseios. Queremos agradar e ser amados correspondendo às expectativas do mundo exterior e não olhamos tanto para o mundo interior. É normal, porque estamos descobrindo o mundo, as relações, os sonhos que queremos concretizar, estamos no fazer, no construir, no moldar dessa personalidade que está em formação, em processo de busca e aceitação.

É comum achar que o que todos esperam é muito melhor do que você realmente quer para si e aí, muitas vezes, abrimos mão desse desejo mais profundo do ser para agradar a quem amamos ou para se sentir aceito pelo grupo. Eu tinha muita dificuldade com isso, não me enquadrava nos padrões de beleza, moda ou comportamento da maioria. Eu nunca fui a "bela do baile", sempre fui "a diferente". Isso teve prós e contras. É bom ser diferente, mas na adolescência foi horrível. Hoje valorizo minha singularidade, mas naquela época tudo o que queria era ser igual a todo mundo, ser transparente, passar despercebida, fingir que não estava ali. Só que cada um de nós tem um compromisso com nosso propósito de vida e temos que descobrir qual é o nosso. O meu está ligado às artes, ao teatro, à música, à literatura, ao cinema, à televisão, às comunicações de maneira geral, mas cada um tem o seu propósito e ele nos chama todos os dias quando acordamos pela manhã e nos olhamos no espelho.

Qual é o seu dom? Que potencial veio com você ao nascer? Ele está diretamente ligado a sua tarefa no mundo. Ninguém nasce com talento para ficar deitado no sofá, para ser desperdiçado. Um amigo meu disse certa vez para mim: *A vida é como um jogo e você terá que decidir se você está em campo ou no banco de reservas. Qual é o seu lugar no jogo? Você tem essa escolha, use-a da melhor maneira possível.*

Quando encontramos nosso propósito de vida estamos no caminho certo para uma vida de paz e alegrias porque estamos sendo úteis, estamos usando nossos recursos para o bem do próximo e da sociedade. Estamos em campo prontos para fazer gols.

Assim fui sendo levada a dividir certos momentos com meus seguidores no Instagram, como a perda de minha mãe, por exemplo. Foi tão forte tudo o que estava vivendo que senti necessidade de compartilhar meus sentimentos, e com isso percebi que estava ajudando muitas pessoas que também estavam passando pela mesma coisa que eu. A dor era a mesma, a perda era a mesma, a saudade, a fragilidade, o vazio. A partir daí comecei também a compartilhar minha fé, minha força, minha esperança e isso foi me ajudando também. Estávamos dando as mãos uns aos outros e passando juntos por este momento tão difícil e desafiador. Comecei a receber muitas mensagens de agradecimento e pedidos de ajuda aos quais respondia prontamente, alimentando como podia essa corrente do bem que se formou.

Descobri que muitos dos meus seguidores e seguidoras são adolescentes e me fazem lembrar muito de mim mesma na fase em que buscava nos mais velhos meu próprio rosto. Descobri que o tempo é totalmente relativo, e que a alma não corresponde mesmo a idade do corpo; até porque me sinto muito mais jovem hoje do que aos vinte anos. Nós podemos ter uma comunicação direta de alma para alma e assim transcender todas as diferenças, de idade, de cultura, de gênero, de cor. Somos almas que se comunicam e trocam sentimentos e descobertas, que se ajudam e se transformam pelo amor todos os dias.

Moça velha é o título de uma música que fiz em minha adolescência, pois era como eu me sentia naquela época, e o curioso é que o título continua me correspondendo só que, agora, ao contrário, *velha moça*.

Beth Goulart

Crédito da foto: Nana Moraes / Ano 2014

Alegria é um sentimento que nos abre para sentir a vida em todas as suas manifestações, conexões e abertura para as sensações. Quando estamos tristes não queremos sentir nada; nem alegria, nem sofrimento. Então ser alegre não é só sorrir o tempo todo, mas é se permitir sentir o tempo todo mesmo que seja o sofrimento. Tudo passa e o sorriso voltará para sua vida se estiver com alegria em seu coração. A alegria nos conecta com a vida.

O DESTINO DE BETH

Sempre que tentei interferir no caminho do destino não tive um bom resultado. Quando achamos que as coisas estão demorando demais para acontecer, temos a pretensão de que se não fizermos nada o que é nosso vai escapar de nossas mãos. Ledo engano, é exatamente o contrário. Nosso ego se arvora como único e grande guardião de nossos interesses, mas ele não conhece a sabedoria do desconhecido, ele desconfia desse saber. Ele pensa que se não fizer nada, seremos passados para trás, que o que é nosso vai parar nas mãos de outra pessoa, que não teremos reconhecimento nem glória, não seremos valorizados e que ele é profundamente necessário para nosso crescimento.

A vida, com suas lições, ensinou-me que isso é uma grande ilusão. Quem determina nosso destino é um poder superior que tem conhecimento de tudo o que é necessário para nosso crescimento, que, em sua sabedoria, conhece todo o nosso passado e aguarda as atitudes do presente para concretizar o futuro. Talvez sejamos nós mesmos numa outra dimensão de conhecimento, talvez a sabedoria divina a quem chamamos de Deus que nos ama como um pai zeloso e preocupado com o desenvolvimento do filho. Designações são secundárias, o que importa é que nada acontece em nossa vida que não seja esperado. Nada, e não há nisso um paradoxo, é mais programado que o acaso!

A família em que nascemos, os dons que recebemos, as inspirações de nossas realizações, as dificuldades que passamos, os obstáculos vencidos, a superação das perdas inevitáveis... Absolutamente tudo faz parte de um plano escolhido por nós com os ingredientes necessários para nosso crescimento.

O ANO NÃO

Era o ano de 1999 e ele começou com um convite maravilhoso para fazer o espetáculo *Decadência*, um texto de Steven Berkoff com direção de Antônio Abujamra, junto com meu amigo-irmão Guilherme Leme Garcia. No dia seguinte, fui também convidada para fazer a peça *Somos irmãs*, de Sandra Louzada, com direção de Ney Matogrosso e Cininha de Paula. O enredo era sobre a vida das irmãs Batista, e a peça seria montada com duas linhas do tempo, então as personagens seriam vividas por minha mãe e Suely Franco na fase madura e, na juventude, por Claudia Netto e eu.

Fiquei muito feliz e balançada com o convite, era uma oportunidade maravilhosa de contar essa história, ainda mais ao lado de minha mãe e de um elenco dos sonhos. Mas meu coração já estava apaixonado pelo texto de Berkoff e pelo desafio da montagem. Acabei não aceitando fazer *Somos irmãs* e indiquei a Claudia Lira, que fez lindamente o papel.

No correr dos ensaios de *Decadência*, quase perto da estreia que seria no Festival de Curitiba, houve um problema sério com o direito autoral e fomos impedidos de estrear a montagem no Brasil. Foi um baque. Um não. Um soco no estômago, como se tivéssemos perdido um filho pronto para nascer. Muita tristeza, muito choro, muita frustração, mas não teve jeito, tivemos que aceitar. Ou seja, em pouco tempo, perdi dois grandes projetos em que coloquei meus sonhos e esperanças.

No segundo semestre do ano, fui chamada para outro projeto, também com Antônio Abujamra. Dessa vez a montagem de *Arturo Ui*, de Bertolt Brecht, com a Companhia dos Privilegiados. A montagem seria diferente, pois todos os personagens masculinos seriam feitos por mulheres e o único feminino seria feito por um homem. Foi mais um desafio, e interpretar Arturo numa lógica de montagem tão diferente. Estávamos muito empolgadas, mas as dificuldades foram chegando e a produção não conseguiu concretizar a montagem; e mais uma vez o projeto não aconteceu.

Era mais forte do que eu. Pensava que alguma coisa tinha que aprender com esses acontecimentos, pois foi um ano todo de dedicação sem nenhum resultado aparente. Às vezes, a melhor coisa a fazer é não fazer nada, simplesmente aceitar. Deixar passar.

É como uma onda. Quando a onda é grande demais não se ganha nada lutando contra, é melhor deixar ela levar, e, quando passar, conseguir sair da tormenta. Em algum momento, a calmaria vai retornar. Assim fiz, deixei passar o ano. O ano em que nomeei de *ano não* de tão difícil e frustrante.

Depois veio o novo ano! Ano 2000 cheio de promessas, e começou com o convite de novamente montar *Decadência*, agora com nova direção de Victor Garcia Peralta e novamente com a parceria de Guilherme Leme Garcia. Estreamos em São Paulo e foi um grande sucesso, seguimos depois para o Rio e foi uma consagração de público e crítica. Ganhei, com o trabalho, o Prêmio Shell de melhor atriz e muito reconhecimento.

Terminando a temporada, fui convidada novamente para substituir a atriz Claudia Lira no espetáculo *Somos irmãs*, que já era um sucesso. Tive uma semana para conseguir substituir Claudia numa temporada popular no Teatro João Caetano, no Rio de Janeiro, e ainda fazer toda as apresentações em São Paulo, no Teatro Cultura Artística. Depois disso, ainda engatamos uma outra bela temporada no Teatro Hilton. Ganhei também o Prêmio Qualidade Brasil por esse trabalho. Ou seja, os dois trabalhos que não pude realizar em 1999 foram feitos com sucesso e reconhecimento no ano 2000.

Imagine se eu desistisse de meus sonhos por não ter realizado naquele momento? Foi uma grande lição para mim. Temos que aceitar que tudo tem o tempo certo para acontecer, e se não acontece naquele momento é porque coisas melhores estão reservadas para nós. O *ano não* de 1999 transformou o ano 2000 no *ano sim*.

Confiar no desconhecido é ter fé e esperança na sabedoria divina do Pai, é saber que o que é seu está escrito e virá em suas mãos na hora certa. Por isso, entrego, confio, aceito e agradeço por tudo em minha vida.

O QUE APRENDEMOS VIVENDO OUTRAS VIDAS

Ampliamos a capacidade de entender a humanidade. Quando vivemos outras realidades, nós experimentamos outros sentimentos, novas sensações, nos deslocamos do nosso lugar habitual, saímos da zona de conforto. Sempre que isso acontece, damos a chance de rever nossos conceitos, de colocar à prova nossos valores, nossa visão sobre a vida, nosso entendimento do outro.

Quando temos que viver um personagem muito diferente de nós ganhamos a oportunidade de experimentar outros olhares, outros pontos de vista, e ser mais flexíveis com aqueles que são diferentes de nós, com os que pensam e agem também diferente É o princípio da diversidade. As pessoas não são iguais. Aliás, é uma das belezas da vida. Somos únicos e diferentes. Acho que uma das coisas mais importantes que aprendemos é que somos todos frágeis, falíveis, cometemos erros, temos medo, raiva, ansiedade, às vezes inveja, ira ou ciúme. Ninguém quer perder nem ser passado para trás.

Ninguém é perfeito. Somos humanos. Esta é a única certeza que temos, estamos em processo de crescimento. Ninguém nasce pronto, estamos aqui justamente para melhorar, mas temos que saber em quê. Quais são nossas fraquezas? Onde fomos mais egoístas? Em que medida fui maldoso naquela situação? Será que foi maldade ou defesa?

O simples exercício de se colocar no lugar do outro já seria muito bom para se ter uma dimensão de nossas atitudes. "Não faça aos outros o que não gostaria que fizessem a você", lembra deste ensinamento? É assim mesmo que acontece. A lei de causa e efeito está presente em tudo, na natureza e nos seres vivos. Principalmente em nossas relações. A gente esquece daquela grande sabedoria de que colhemos aquilo que plantamos. Contudo, vivemos todas essas etapas em cada personagem que fazemos. Se é a heroína, seremos vítimas da maldade alheia, afastadas de nosso amor quase até o último capítulo, quando toda a maldade será castigada e a felicidade torna-se a grande recompensa pelas agruras que a nossa heroína teve que passar para atingir sua trajetória em busca da luz. Já as vilãs, ardilosas e traiçoeiras, são muito inteligentes e arquitetam com maestria o jogo de poder, quase sempre para obter vantagens ou simplesmente se vingar de um passado de perseguições ou pobreza. Sempre amparadas por uma injustiça, exploração ou um trauma inesquecível. São as responsáveis por levar a trama adiante. Elas provocam os momentos de tensão, os conflitos necessários para que a história seja eletrizante e prenda sua atenção.

Portanto, sem um bom vilão, não se consegue contar boas histórias. Em nosso trabalho de interpretação, procuramos mostrar todos estes ângulos do personagem, sua força e fragilidade, sua ambição e temor, sua coragem e seus medos, seu egoísmo e seu amor. Ninguém é só uma coisa, pois somos complexos. Temos muitas camadas de sentimentos que dialogam dentro de nós ao mesmo tempo. Um bom ator consegue mostrar tudo isso ao público, criando personagens multifacetados e interessantes. Aprendemos a não julgar, porque temos que acolher aquele novo ser dentro de nós e tentar entender os motivos e impulsos que agem dentro dele. Também não somos fixos, as coisas se modificam no decorrer da história e temos que estar preparados para as reviravoltas que a narrativa pode dar.

É muito interessante quando, depois de todo o processo de construção do personagem, chega uma hora em que eles ganham autonomia. Eles sabem melhor do que nós, seus intérpretes, como agir em determinada situação. Quando eles já estão assim, maduros, são eles que comandam. Nós só deixamos o barco correr solto, seguindo o fluxo das marés. Também somos surpreendidos pelos personagens. Eles se posicionam em cena, criam marcações, trejeitos, maneiras de falar, bordões.

É muito curioso este processo, por isso às vezes nos referimos a nossos personagens como filhos. Eles nascem dentro de nós, mas são outros. Tem autonomia, personalidade, escolha e liberdade.

Cada novo personagem é um universo que se descortina para nós. Eu, particularmente, gosto de construir meus personagens com muitas informações. Gosto de fazer pesquisas sobre a época em que viveram, os interesses, criar uma visão histórica e cultural. Onde ela vive? O que gosta de ler? Que músicas gosta de ouvir? Qual é seu signo?

Eu gosto muito de astrologia, estudo sempre que posso e acho uma fonte impressionante de referência comportamental para construir um personagem. E uma das primeiras perguntas que faço é: *"Qual é o seu signo do meu personagem?"*. Às vezes, preciso de um tempo para descobrir, mas ele acaba sempre se revelando.

Vou comentar com vocês alguns personagens interessantes com os quais aprendi muito sobre mim e sobre a vida. No teatro, Lucrécia Bórgia, do espetáculo *Lucrécia, o veneno dos Bórgia,* e Clarice Lispector de *Simplesmente eu, Clarice Lispector;* já na TV, a Débora de *Baila comigo* e Leopoldina de *Primo Basílio.*

Tenho muito amor por todos os meus personagens. Todos me ensinaram muito e são minhas filhas, fizeram parte de minha trajetória de vida, de meu aprendizado diante da minha profissão. Escolhi esses personagens porque foram muito importantes para mim, cresci muito com cada um deles e acho que servem bem a esta análise de construção de personagem.

LUCRÉCIA BÓRGIA

Um texto de Paulo César Coutinho, que contou com sua direção em 1992, no Teatro Glória e também no Teatro Laura Alvim ambos no Rio de Janeiro. Eu tinha grandes atores ao meu lado, como Hélio Ary, que interpretava o Papa Rodrigo, Pedro Pianzo, dando vida a César Bórgia, Alexandre Lippiani, representando Giovane, e Guilherme Karam como Maquiavel.

Caso você não saiba, Lucrécia Bórgia foi uma mulher muito forte, muito inteligente da era do Renascimento na Itália e que sofreu muito por ser livre e independente. Ela era abusada por seu pai ilegítimo e por seu irmão, que era muito apaixonado por ela. Eles não permitiam que ela se apaixonasse por ninguém e, quem quer que fosse seu escolhido, era brutalmente assassinado por seu pai e irmão. Ela cresceu nesse ambiente de luxúria, ganância e poder.

O seu pai só chegou a ser Papa porque matava todos os seus concorrentes com veneno. Aliás, era uma característica da família Bórgia: matar com veneno seus oponentes. Por fim, Lucrécia era, na verdade, a grande líder da família. Sua inteligência era reconhecida por todos, mas, dentro de sua própria casa, ela era vítima de seu pai e seu irmão.

Desesperada por ser impedida de amar, ela envenena os dois. O pai ela consegue matar, mas seu irmão é tão ardiloso que foi tomando pequenas doses do veneno todos os dias e preparou seu corpo para se acostumar com o veneno, então, ele sobrevive ao atentado. Ela vai para outra cidade viver seu calvário e sua sina de mulher reprimida e sufocada em seu corpo, sendo subjugada pelo poder patriarcal e machista da época.

Esse personagem foi um bom desafio para mim, e, como gosto de pesquisar, fui em busca de informações históricas para construir essa egrégora, esse ambiente de Lucrécia para que ela pudesse ganhar vida em minhas mãos. Para mim, ela era uma típica escorpiana, com seu olhar aguçado, inteligente, que percebe todas as falcatruas do pai e que sabe usar seu poder de sedução para atingir seus objetivos. Além disso, ela tem veneno, faz parte da natureza do escorpião.

Como gosto de livros, fui em busca de novos exemplares que me ajudassem nesta pesquisa e dei de cara, em uma livraria especializada em obras antigas, com uma edição rara do livro *Césare Bórgia*, em italiano. Foi um grande achado para mim e, inclusive, ajudou a todos os outros atores e os colegas do figurino e da direção de arte.

Lucrécia era muito diferente de mim, mas, com ela, trabalhei a astúcia e o poder da sedução para atingir um objetivo. Tenho em mim uma sedução natural que toda mulher tem, mas tive que aflorar num grau mais elevado o olhar, o sorriso, os movimentos mais sinuosos como uma cobra, uma aproximação diferente dos personagens, como se estivesse sempre em vias de dar um bote. Aliás, eu me inspirei muito na cobra como animal e nos quadros renascentistas. Todo o trabalho ganhou aquela aura dos quadros de Botticelli e Michelangelo.

Foi um trabalho especial e que teve muito sucesso, fizemos duas temporadas maravilhosas e fui indicada como melhor atriz ao Prêmio Shell do ano 1992.

Beth Goulart no espetáculo "Lucrécia, o veneno dos Bórgia.

Foto: Guga Melgar / Ano 1993

CLARICE LISPECTOR

Já falei muito sobre o amor e admiração que sinto por Clarice, e também da identificação que tenho com ela, mas ter que interpretá-la me ajudou muito a me assumir melhor como criadora também. Clarice Lispector era uma mulher à frente de seu tempo, era uma sagitariana típica, porque sempre visualizou sua meta de ser uma grande escritora brasileira, como ela mesma se considerava. Sua dedicação à escrita foi tão grande que quase entrou em depressão por estar longe de suas irmãs e de sua escrita no período em que morou em Berna. Escrever era essencial. Para ela, escrever era como a própria vida se vivendo em nós.

Foram dois anos de pesquisa, seis meses de preparação e dois meses de ensaio para que o espetáculo ficasse pronto.

Sou muito intuitiva, assim como ela, e também me deixo ser levada, além de observar os sinais. A criação surge quando aprendemos a ler os sinais do nosso inconsciente pessoal ou coletivo. Pode ser algo que nos chame a atenção, nos capture e nos mantenha suspensos diante aquela sensação. É isso, é uma sensação. Não é tão concreto que se consiga criar um método, é muito mais sutil e preciso de sintonizar as antenas e os ouvidos para que a percepção fique cada vez mais clara, para que o silêncio não passe despercebido.

Clarice fala muito bem sobre isso, sobre o subjetivo, o que está entre as coisas, a dimensão do mistério. Ao fazer Clarice, conectei-me com este lugar do não lugar, uma espécie de estado alterado de consciência onde se é só consciência. Quando estou Clarice é como se estivéssemos juntas, unidas, lado a lado, ela e eu transmitindo suas palavras. Fiz o espetáculo como uma declaração de amor a ela e a tudo o que me ajudou a conhecer através da sensibilidade.

Como ela disse, *o meu pensamento tem que ser um sentir*. E durante os nove anos em que o espetáculo esteve em cartaz em todo o Brasil, pude sentir a força de suas palavras no palco e na plateia, já que todos me acompanhavam atentamente neste mergulho ao universo clariceano. Somos canais do inconsciente, ao construir o espetáculo colocava em cena não só o universo de Clarice, mas meu próprio universo. Meu olhar, minha estética, minha ética, meus valores, minhas escolhas, minha liberdade. Disse, certa vez, que estava grávida de Clarice, mas, na verdade, foi Clarice quem me pariu. Ela fez o parto de uma nova criadora que se inspirou em sua musa para ganhar sua própria voz.

Como sou grata a ela por isso. Como, através dela, pude me ver também como escritora e artista. Como pude ampliar meu olhar artístico, não só para a interpretação, mas para a dramaturgia e a direção. Foi um encontro de almas, um olhar no espelho em que ela me dizia: *Vá em frente, siga sua intuição e seu saber interno e profissional. Continue. Estou aqui do seu lado. Brilhe.*

Como posso explicar tudo o que isso significa para mim? É muito mais do que um espetáculo, é um nascimento. Em *Simplesmente eu, Clarice Lispector* o público também conheceu simplesmente eu, Beth Goulart.

Beth Goulart - Espetáculo "Simplesmente eu, Clarice Lispector" - Jardim Botânico, dia 16 de janeiro de 2009, Rio de Janeiro

Foto: Fabian Albertini

DÉBORA

Mudando de linguagem, vamos falar um pouco de televisão. Eu gosto muito e sou grata a esse veículo, porque, apesar de minha formação ser toda teatral, a minha prática profissional se deu muito nos estúdios de televisão. Comecei na TV Cultura fazendo teleteatros, seguindo depois para a TV Tupi, outro celeiro de grandes talentos. Fiz várias novelas ao lado de meu pai, minha mãe e também meus irmãos, até que a TV Globo me chamou. Morávamos em São Paulo na época, e a TV Globo era no Rio de Janeiro, então esta minha ida para o Rio também me fez bater as asas e sair da casa de meus pais.

Fui morar no Rio de Janeiro. A primeira novela que fiz na Globo foi Marina, para o horário das seis, com direção de Herval Rossano. Foi ele quem me trouxe para o Rio. Até que, logo depois, Paulo Ubiratan e Roberto Talma me chamaram para fazer Baila comigo, escrita por Manoel Carlos para a faixa das oito. Eu fiquei muito eufórica e feliz da vida, porque logo de cara tinha uma viagem para Portugal, já que a minha personagem, a Débora, vivia no país lusitano. Eu tinha dezessete anos naquela época e precisei de autorização de meus pais para viajar para fora do país. Para mim, essa viagem foi um divisor de águas, porque me senti uma cidadã do mundo, viajando sozinha a trabalho e podendo ampliar meus horizontes existenciais.

No meio da novela houve duas outras viagens, uma para Veneza e a outra para a Grécia. Fui muito privilegiada, primeiro pelo personagem maravilhoso: Débora era uma capricorniana típica, conservadora, tímida, com educação europeia, que se apaixona por um carioca típico, o Caê , lindamente interpretado por Lauro Corona. Ela era filha de Tereza Raquel (Martha) e Raul Cortez (Joaquim Gama), dois monstros sagrados do teatro e da TV, além de ser irmã de Tony Ramos (João Victor e Quinzinho), um gênio interpretativo na TV e um anjo na vida real. Foi uma escola maravilhosa! Minha sintonia com Laurinho foi imediata, viramos grandes amigos, ele foi inclusive meu padrinho de casamento. A novela era moderna, tinha uma linguagem meio *nouvelle vague* francês, com planos longos, *closes* e pausas preenchidas.

A novela foi um show de talento na direção, no texto e nas interpretações. Débora e Caê eram o casal jovem da novela e foi um grande sucesso. Eu e Laurinho fomos capas de todas as revistas de TV da época. Eu tinha um cabelo bem curtinho, era novidade e todas as mulheres cortaram o cabelo como a Débora de *Baila comigo*. Até hoje, por incrível que pareça, tem gente que ainda me chama de Débora, e eu entendo que isso aconteça, pois foi com essa personagem que eu fiquei conhecida no Brasil inteiro. Para mim, a Débora foi meu primeiro grande voo, saí da casa de meus pais e conheci o mundo.

Sinto muita gratidão pela Débora e a todos que realizaram esta novela que se tornou um clássico da televisão brasileira na década de 1980.

Beth Goulart como Débora em Baile Comigo

Arquivo pessoal / Ano 1981

LEOPOLDINA

O primo Basílio, de Eça de Queiroz, foi uma belíssima adaptação de Gilberto Braga e Leonor Basséres, com direção de Daniel Filho, minissérie realizada em 1988. Os personagens principais eram Giulia Gam como Luísa, Marília Pêra como Juliana, Tony Ramos como Jorge e Marcos Paulo como Basílio.

Daniel Filho, em sua direção, mandou reproduzir os cenários numa sala de ensaios no subsolo do Teatro Villa-Lobos e pudemos ensaiar todas as sequências como se fosse num teatro de verdade, o que permitiu maior liberdade de criação e algumas ousadias. Meu personagem era a melhor amiga de Luísa (Giulia Gam) e, logo de cara, tínhamos uma sequência de três cenas seguidas em que os personagens se embebedavam, comiam e cantavam. Era uma cena muito extrovertida em que elas mostravam sua liberdade. Leopoldina era amiga de Luísa desde a escola e cresceram com realidades diferentes: Luísa era bem-comportada, tímida, mais recatada, e Leopoldina era um espírito livre, mais solta, alegre e sensual. É claro que, para os padrões da época, Leopoldina era uma libertina, considerada uma má companhia para Luísa, mas elas eram muito amigas. Luísa não ligava para o que diziam, ela gostava de Leopoldina e essa soube ser livre a sua maneira, e sempre foi fiel a sua amizade com Luísa.

Voltando a cena, quando fomos ensaiar, eu devo ter me excedido um pouco nesta extroversão do personagem e Daniel Filho me usou como exemplo do que não devia ser feito no trabalho. Aquilo me atingiu profundamente. Fiquei muito mexida, achando que ele não me queria no trabalho, me senti rejeitada, fiquei completamente tolhida em minha criação, fiquei muito triste.

No dia seguinte, Marília Pêra, a quem devo toda a minha admiração e respeito, pediu a palavra no ensaio para dizer que não tinha conseguido dormir na noite anterior. Ficou pensando em mim. Ela contou que já havia passado por uma experiência como aquela em sua vida e sabia o quanto era difícil e doloroso para uma atriz ser repreendida daquela forma na frente de todos. Confesso que não esperava essa atitude dela, pois estava diante de uma das grandes atrizes brasileiras e, naquele momento, ela se enxergou em mim. Ela disse para ele: *Não faça assim, você tolheu totalmente a criatividade dela. Saiba como pedir o que você quer, o ensaio serve para isso.* Eu fiquei tão emocionada com esta atitude dela, jamais esqueci.

É claro que, depois dessa experiência, mudei totalmente o personagem e foi tudo muito mais interiorizado. Daniel tinha toda a razão no que estava pedindo, só acho que, às vezes, é preciso saber como dizer certas coisas, para que a criação do ator não seja tolhida pela crítica. Acho que ele gostou do resultado porque só ouvi elogios dele no final do trabalho.

Leopoldina era um símbolo de liberdade e pagou um preço alto por ser quem era. Como grande amiga de Luísa, foi quem a ajudou nos momentos mais difíceis, mas depois que a culpa de Luísa a faz adoecer, a presença de Leopoldina era a lembrança do erro, do pecado, do adultério e ela passa a renegar a amiga.

Acho que a Leopoldina era aquariana, uma mulher à frente de seu tempo, ousada, divertida e, fundamentalmente, livre. Também sou aquariana e, para mim, a liberdade é o ar que respiro. Eu sinto inspiro e expiro arte e sei que não se faz arte sem liberdade.

Beth Goulart como Leopoldina na minissérie Primo Basílio

Arquivo Pessoal / 1988

METAMORFOSE

Temos como profissão a experiência maravilhosa de nos transformar em cada trabalho. Além da transformação natural que a vida nos propõe, ainda vivenciamos ser e estar como outros. Isso significa mudar de visual.

Minha avó já dizia que o cabelo é a moldura do rosto, então nada mais significativo para mudanças internas do que algumas mudanças externas, ou seja, mudar os cabelos. O corte, as cores, o formato, o tamanho, os penteados, o volume, a textura e os produtos que usamos para fazer deles um elemento de mudança.

Meu cabelo natural é muito liso. Um liso escorrido, o que pede sempre um bom corte para que tenha algum movimento e possa se transformar conforme a situação. Durante toda a minha adolescência e início da idade adulta, tive o mesmo cabelo escorrido. Como comecei muito cedo a trabalhar em televisão, pude experimentar algumas mudanças capilares radicais. Um exemplo, o temido, na época, "permanente", era uma solução rápida para mudar totalmente o visual. Só que ai de você se quisesse retornar ao que era antes. Seria impossível, uma tarefa insana e malsucedida.

Coitado do cabelo, ficava sob tortura numa química que obrigava o fio liso a possuir uma modelagem com cachos em poucos minutos. É o caminho inverso da chapinha de hoje, tanto que o "permanente" também era agressivo e nocivo para o cabelo. Não deu certo, e graças a textura de meu cabelo, logo o liso de sempre retornou, tendo que cortar o resultado maléfico que a moda impôs para as minhas madeixas.

Logo que cheguei ao Rio de Janeiro, contratada pela TV Globo, para uma novela das 18h intitulada *Marina*, comecei a levar este experimento do cabelo mais a sério. Era um cabelo liso, com uma franja lateral que me acompanha até hoje numa altura até os ombros, nem muito curto nem comprido demais. Era um corte bonito, que me agradava bastante, mas, no trabalho seguinte, seria necessária uma mudança, pois não era possível manter o mesmo cabelo em todos os trabalhos. O público aguardava sempre uma novidade e nós, atores, éramos as cobaias dos criadores de novos tempos, da nova moda, dos novos comportamentos e, consequentemente, novos cortes de cabelo.

Nessa empreitada de artistas com tesouras, conheci profissionais maravilhosos, verdadeiros criadores que chegaram até mim graças aos visagistas responsáveis por cada trabalho. Foi assim que cheguei a Sérgio Style, criador do cabelo de Débora de *Baila comigo*. Foi uma revolução! Na verdade, ele me salvou de dois outros cortes que foram um desastre. Quando cheguei, meu cabelo já estava meio curto e ele me propôs uma coisa nova, algo que ainda não tinha chegado ao Brasil, que era o corte desfiado.

Confiei em seu talento, entreguei minha cabeça para ele esculpir e ele criou um sucesso. Claro que, no começo, a reação foi negativa, chamavam meu cabelo de manga chupada, mas esse corte meio francês, meio desconstruído, caiu no gosto da mulherada e o Brasil inteiro cortou o cabelo como a Débora.

Como Baila Comigo fez muito sucesso, a imagem de Débora ficou marcada nas mentes e corações de muitos telespectadores e eu tenho certeza de que a arte de Sergio Style contribuiu muito para esta lembrança.

Voltei depois, gradualmente, ao meu cabelo liso de sempre, com corte meio Chanel, mais curto ou um pouco mais comprido, mas era a variação sobre o mesmo tema. Alguns anos depois, eu fiz o espetáculo Electra com Creta, sob a direção de Gerald Thomas. Foi uma montagem revolucionária que pedia cabelos igualmente revolucionários. Meu corte era estilo *punk* e cor de minhas madeixas era salmão. Todo o elenco tinha essa pegada meio *punk* no cabelo, com algumas cores diferentes para cada um de acordo com o personagem. Foi quando conheci outro artista das tesouras, Nonato Freire.

Naquela mesma época, fiz uma novela chamada *O outro*, de Aguinaldo Silva, na TV Globo. Meu personagem, Marília, era uma executiva rica que assumia o poder da empresa na ausência do pai. O pessoal da novela disse que eu poderia usar o mesmo corte diferente que usei na peça teatral, mas não daquela cor. Mudamos então a cor salmão para o tom descolorido. Mudanças radicais de cor estragam bastante o cabelo e pedem um tratamento e hidratação profunda sempre que for necessário fazer o retoque de raiz. Muita química também enjoa e eu acabava sempre voltando ao meu cabelo natural castanho claro e liso.

Na novela *Perigosas peruas,* de Carlos Lombardi, eu fazia Diana, uma mulher rica casada com Hector (Guilherme Karam), que era um dos filhos do mafioso Don Franco Torremolinos (Cassiano Gabus Mendes). Diana era apaixonada pelo marido, mas ele não acreditava e a desprezava solenemente, então ela bebia, bebia muito para chamar a atenção dele, virava amante do personagem Belo (Mario Gomes) e acabava muito amiga do próprio mafioso, resultando num final surpreendente: Diana parava de beber e virava a grande mafiosa da novela. Eu comecei a novela com um visual forte, um corte bem curto e bem loura, um louro quase branco, e, na mudança do personagem, virei ruiva com um novo corte, tudo obra de Nonato Freire.

Costumo ser fiel a meus cabeleireiros. Acho que é uma relação de profunda confiança e afeto entregar sua cabeça para que eles criem sua nova imagem. Quando eu gosto do resultado, permaneço fiel por muito tempo até que a vida nos proponha um novo encontro desconhecido, uma nova amizade e crie assim uma nova fidelidade capilar.

Alguns anos depois, conheci Jean Yves, um grande cabeleireiro francês que adotou o Brasil como sua casa. Foi na novela *O clone* que ele criou o cabelo de Lidiane, a ciumenta esposa de Tavinho, meu amigo Victor Fasano. Era um corte bem francês, desconstruído e com muita balaiagem; foi quando do conheci a Jeane, que pinta meu cabelo até hoje. Foram muitos anos de trabalhos e cabelos com Jean Yves, que me apresentou outro artista da tesoura, o também francês Xavier.

Quando o salão de Jean Yves fechou, tanto Xavier como Jeane ficaram meus companheiros fiéis, iam até a minha casa para cortar e pintar meu cabelo. Eu os levei também para cuidar de meus cabelos no Teatro e na TV Record, como a Regina de *Vidas em jogo*. Hoje, quem cuida do meu cabelo é outra francesa, a Mandy.

Anos se passaram até chegar as novelas bíblicas e eu conhecer o *mega hair* da Nelma Véo e sua filha Camila. Elas são especialistas em dar volume, alongar e transformar os cabelos, os apliques e perucas de cada época e cada trabalho. Elas fazem milagres! E assim, de personagem em personagem, experimentamos vários rostos, vários personagens, várias combinações diferentes, vários cabelos e personalidades diferentes, e cada vez mais agradeço a essa profissão maravilhosa que nos dá a chance de construir pessoas novas em cada trabalho. É um esforço coletivo para que o resultado seja sempre novo e surpreendente.

Somos uma metamorfose ambulante em muitos sentidos na vida, mas, no meu caso, também sou uma metamorfose capilar.

TRÊS EM UM

Durante muito tempo eu ficava elaborando em minha mente sobre a capacidade de desdobramento que nós, atores, vivenciamos quando criamos e vivemos nossos personagens. Aprendemos pelo ofício da interpretação a sair de nós mesmos para virar outros. É uma prática que acredito que os monges, que tanto meditam, conhecem bem, mas que nós, simples mortais, não temos tanta noção e fazemos sem perceber.

Ao criar alguém que não somos, temos que imaginar como seria se nós tivéssemos outro corpo, outra história de vida, outros amores, outra família, outra formação, outros objetivos, outro caráter. Não é fácil criar um outro alguém. A primeira coisa é se informar sobre o personagem, ler bastante, entender sua história, ver imagens que inspirem, observar a nossa volta, abrir os olhos e ouvidos para captar o que de interessante pode haver com o este novo ser. Nessa fase, ficamos meio alheios de nós, meio distraídos mesmo, já que estamos um pouco divididos existencialmente, mesmo que ele ainda não esteja pronto, aprendemos a conviver com um outro eu dentro de nós.

À medida em que o processo vai avançando, esse novo ser vai ganhando força, ganhando voz, vontade própria, e aí o mistério acontece, ele passa a existir como outro alguém real. Emprestamos nosso corpo, voz e emoções para ele e somos surpreendidos com sua independência no impulso das ações e reações que agora são inteiramente dele.

Quando estamos no palco, ainda exercemos um outro estado de consciência interessante. Nós somos o personagem, o ator e a consciência que comanda tudo isso. Esta sensação de ser três ao mesmo tempo é muito interessante, porque é como acontece na vida sem a gente perceber. Nós somos corpo, mente e espírito. São camadas diferentes de consciência e ação, mas estão interligadas por um fio invisível de conexão. Um interfere no outro e respeita o que o outro quer dizer, ou sentir.

Na cena, temos o texto e as marcações, mas podemos reagir de forma diferente se a plateia, naquele dia, está mais para a comédia ou para o drama. Podemos ralentar ou apressar mais a cena de acordo com a reação do público. Essa é uma das coisas mais lindas de nosso ofício. É uma arte viva, que se modifica a cada apresentação, que depende da interação com o público e é totalmente interdependente dessa relação.

Com isso, aprendemos a nos desdobrar, a sair do nosso eu cotidiano, nosso eu inferior e conseguimos enxergar mais de longe o que se passa. Quando estamos totalmente envolvidos na situação, não conseguimos ter a noção do todo, nosso foco está só em nossas emoções e nem sempre elas darão o melhor conselho, às vezes bem o contrário.

Quando conseguimos sair da situação, ganhamos mais fôlego, mais ar e, consequentemente, mais clareza para ver melhor o que se passa. Na cena, percebemos que nós, nossos colegas e também o público, ganhamos mais amplitude de olhar, ganhamos novos olhares para a situação. Um olhar de fora.

Quando estamos dormindo, vivenciamos, às vezes, em sonho, essa mesma sensação. Somos nós agindo e, ao mesmo tempo, assistindo a ação. É mais ou menos assim. Quando comecei a meditar, sempre me lembrava dessa sensação de ser três e falava pra mim mesma que eu já meditava e não sabia. Aprendi a deixar fluir as emoções e me surpreender com elas, preparava o canal por onde o rio das emoções passariam e deixava fluir. Sempre deu certo. É a força da vida pulsando na arte da interpretação.

Temos que ter a técnica para preparar o canal para que a vida possa correr solta em nossos personagens. Essa é a diferença de um bom ou mau ator. Creio que o bom ator é aquele que te faz sentir a verdade do momento, te fazer estar junto com ele dentro da história que está sendo contada. Como diz Amir Haddad, *teatro é ilusão de ótica*, é o mistério dos mágicos que encantam porque acreditamos ser verdade o truque feito na nossa frente. Sabemos que é mentira, mas conseguimos acreditar naquela verdade inventada.

A beleza de nossa arte é valorizar a vida com todas as suas possibilidades, com todas as relações afetivas, todas as dores, os conflitos, com todas as tramas do destino urdidas na dramaturgia criada pelos autores. O que mais nos emociona é saber que, quando mexemos com as emoções de quem nos assiste, estamos tocando a sua alma, lembrando a eles a sua humanidade. Somos todos seres humanos, temos fragilidades e medos, mas muita força e coragem também, para que no final possamos estender nossos braços e corações num abraço em forma de som, em forma de aplauso, com sorrisos e lágrimas quando o espetáculo chega ao fim e as cortinas se fecham.

Gratidão por sentir isso cada vez que subo ao palco, gratidão por ser instrumento de humanidade, gratidão por servir a liberdade da criação como uma aprendiz de Deus

SOU UMA AQUARIANA TÍPICA

Isso significa que sou um pouco desligada e aérea, minha mente vai mais rápido que minha boca por exemplo, o que me faz tropeçar em algumas palavras. Minha letra de médico fala muito bem sobre isso, porque a letra se estende e se estica quase como um risco pelo papel com algumas pequenas curvas no caminho. Quase sempre preciso rever o que escrevi para não esquecer e poder decifrar a escrita mais tarde com precisão.

Assim também acontece com meu corpo. Eu esbarro em tudo, acho que é porque a órbita de Urano também é excêntrica, ela não é oval como as outras, não. Ela é como uma espiral, isso faz com que eu não ande em linha reta, porque a minha reta é meio torta, sabe? Meio fora do eixo, ando caindo um pouco para o lado e também não olho antes de fazer o movimento. Faço e depois vejo que tinha um vaso no meio do caminho. Ops... Derrubei o vaso e, quando vou pegar a bolsa, que estava na cadeira, surpreendentemente, engancho a alça na maçaneta da porta, deixando cair tudo o que tinha dentro da bolsa. Logo, eu vou pegar a bolsa e, quando me levanto, bato a cabeça na mesa e tropeço no tapete. Derrubo, então, a água, aquela que estava dentro do copo na mesinha em que esbarrei, quando fui levantar do chão e bati a cabeça. É um desespero, até parece uma cena de *Clown*. Parece de propósito, mas não é, pode perguntar para qualquer aquariano se ele ou ela não é desastrada. Somos todos!

É algo acima de nosso controle, é mais forte que nós. Agora, no palco, não! No palco sou de uma precisão incrível, mas aí tudo é estudado, visto, treinado e ensaiado. O problema é na vida, mas, como sou bem-humorada, tudo acaba numa crise de riso. Ainda bem, porque senão ficaria muito mal-humorada com todos os roxos na canela e nos braços. É uma marca registrada, tem sempre uma manchinha que não sei onde consegui.

Hoje estou muito melhor, mas ainda assim tenho que tomar cuidado, o risco de me enganchar numa porta é muito grande.

Já mencionei que gosto muito de astrologia, certo? Agora quero contar que cheguei a estudar alguns anos e adoro ler sobre o tema para alegria de alguns amigos que sempre me pedem para falar sobre a característica dos signos. Todos querem confirmar alguma coisa quando se fala sobre a relação dos astros com a nossa vida. A curiosidade vira atenção logo que começo a falar algumas verdades, e eles começam a enxergar que a brincadeira pode ser coisa séria. Eles se enxergam em minhas definições.

Realmente, quando nascemos recebemos uma energia muito forte dos astros que estavam acendendo naquele momento no céu e dos que já estavam sobre nossas cabeças no momento mais importante da nossa vida, o nosso nascimento. O mapa astral é a fotografia do céu no exato momento em que respiramos o primeiro ar, em que deixamos de ser parte do corpo de nossa mãe e cortamos o cordão umbilical. Viramos nós.

O mapa astral seria a nossa alquimia pessoal, nossa fórmula no cosmos. Um pouco de Urano aqui, um sol na casa dez, Júpiter na dez também, Áries na casa um. Quando analisamos um mapa traduzimos determinadas características que recebemos ao nascer e que, certamente, irá nos influenciar na vida, mas isso não significa que seremos moldados por isso. Dependerá de nossa escolha o que fazer com essa energia que recebemos. É como um vitral colorido, a luz passa por ele e recebemos um pouco de azul, ou amarelo e vermelho, mas *como* vamos usar isso em nossa vida depende de cada um de nós. Penso que recebemos do céu o que é necessário para nosso crescimento. Talvez eu precise prestar mais atenção às pequenas coisas do cotidiano e olhar antes de agir. Neste pequeno exercício posso dominar meu impulso e ser menos desastrada ou distraída. Ninguém aqui tem, a menos que queira, a Síndrome de Gabriela – "nasci assim, cresci assim, sou mesmo assim e vou ser sempre assim". Eu acho justamente o contrário, acho que nascemos para nos transformar, para melhorar, para modificar aquilo que não nos ajuda mais, que não serve em nós. A partir do momento em que enxergamos o que precisa ser mudado começamos o processo da mudança. Simples assim. Ninguém muda aquilo que não enxerga.

Neste sentido, os astros são excelentes auxiliares para compreendermos o que nos falta ou temos em excesso, qual é nosso ponto fraco, a nossa sombra e onde podemos investir com tudo porque viemos preparados para dar conta do recado, onde está a nossa luz.

A astrologia é um excelente auxiliar no autoconhecimento. Faz você enxergar coisas que passariam despercebidas por você mesmo. Até na dificuldade de falar sobre o que nos aflige é perceptível, pois alguns signos são muito introspectivos e um astrólogo sensível pode ajudar muito na compreensão de seus problemas.

É mais uma prova de que estamos conectados com tudo. Os astros também são um pouco de nós, assim como as plantas, os animais, a montanha e o mar. Somos seres conectados por uma rede de energia onde somos tocados por tudo e por todos. O bem de um será o bem de todos, assim como o mal também pode nos atingir. Por isso temos essa responsabilidade de melhorar o planeta e a humanidade, porque somos parte deles, estamos integrados nesse movimento de ascensão e crescimento de nossa mãe Terra. Temos que cuidar de nossa morada, de afastar aquilo que nos atrasa e adoece nossas relações; temos que cuidar da saúde de cada um de nós e do mundo também, cuidar da educação que acende muitas luzes nas consciências; cuidar das crianças para que tenhamos um futuro promissor; e dos mais velhos para valorizar nossa própria história.

Temos um caminho pela frente, um desafio a ser desbravado, uma superação a ser conquistada. Não estamos sozinhos no universo, fazemos parte de uma constelação de mundos em crescimento e harmonia, em processo de expansão e evolução. Estamos na era de Aquário, somos seres estelares, vamos juntos iluminar a humanidade!

Temperança é a esperança do tempo.
Confiança no tempo certo de cada coisa.

SER OTIMISTA É
UMA ESCOLHA

Tudo na vida é uma questão de escolha. Se olhamos o lado bom ou o mal presente nas coisas, se somos alegres ou tristes nos relacionamentos e quando acordamos pela manhã, se temos esperança na vida ou se o pessimismo nos persegue, se agradecemos a oportunidade de estarmos vivos e com saúde ou se reclamamos dos acontecimentos e obstáculos da vida.

Para você, o copo com água pela metade está meio cheio ou meio vazio? Sabemos que tudo tem pelo menos dois lados e podemos enxergar cada um deles. Mesmo nas situações mais adversas da vida, podemos sempre perceber os ensinamentos guardados em cada experiência e valorizar este conhecimento aumentando também nossa capacidade de resiliência.

O que é a resiliência para você, essa palavra tão usada hoje em dia? Resiliência, para mim, é a capacidade de lidar com as adversidades da vida e abrir caminho para superar os desafios em busca de oportunidades. Ou seja, temos que cultivar mais nossas potencialidades interiores para suprir nossas necessidades e nos preparar para ter mais a oferecer aos outros, pois depende de nós criar oportunidades.

Sabemos das imensas diferenças sociais e do desequilíbrio das oportunidades da nossa sociedade, a vida de quem nasceu num lar com condições decentes de desenvolvimento é totalmente diferente daquela vivida por quem não possui nem o mínimo para a sobrevivência. Mas, mesmo assim, temos escolha, encontramos muitas vezes pessoas mais capazes e criativas justamente pela dificuldade a sua volta, por terem que encontrar alternativas de valorização da cultura local, das formas diversas de manifestação do pensamento, nas associações geradoras de atitudes alternativas e transformadoras de seu grupo, da fuga da violência física, da perseguição policial e do preconceito enraizado em nossa sociedade. São lutas diárias que fortalecem quem sabe encontrar sua própria força e a força da união. As comunidades carentes se ajudam entre si e se fortalecem como voz diante do todo mal de nosso o país.

Quando a situação está muito difícil, costumo usar uma expressão *mude o óculos*. O que significa *mude seu ponto de vista, olhe diferente para a situação, enxergue sob outro ângulo.* Ficamos, muitas vezes, fechados para as coisas e precisamos ampliar nosso olhar, ter um segundo olhar. Criar novas formas de perceber a situação, colocando-se no lugar do outro, tentando ver como o outro está vendo, isso pode fazer toda a diferença. Sabe aquela expressão "levanta sacode a poeira e dá a volta por cima"? Essa é a essência da resiliência.

Mas isso começa dentro de nós e na maneira como pensamos as coisas. Da mesma forma que exercitamos os músculos do nosso corpo, podemos exercitar a maneira como pensamos. Nosso cérebro funciona como um computador de última geração e nossos pensamentos são a programação que fazemos nele. Podemos mudar a informação que quisermos, ou seja, podemos substituir pensamentos negativos por pensamentos positivos, basta querer.

Aí é que está o x da questão: temos um poder imenso sobre nós mesmos, mas não usamos porque não sabemos como usar. Se ganhamos a consciência que podemos substituir nossos pensamentos, precisamos *querer* fazer este movimento. O pensamento negativo faz mal a nós mesmos e a todos ao nosso redor, é uma fonte carregada de medo, raiva, revolta, ira, inveja, doença e egoísmo. O pensamento positivo, ao contrário, irradia amor, alegria, esperança, força, fé, saúde, paz e luz . A luz dissipa todas as trevas, por mais escuro que esteja, a luz sempre consegue dissolver a sombra. Quem está na sombra não gosta muito da luz porque a luz revela tudo, revela o que está errado, podre, escondido, enterrado. A luz limpa, esclarece, alivia, resolve. Para resolver qualquer problema primeiro precisamos enxergá-lo, reconhecê-lo , revelá-lo: aí sim podemos resolvê-lo. Enquanto não admitirmos nossos erros, não iremos corrigi-los. É assim que funciona. Enquanto estivermos escondendo os problemas embaixo do tapete, eles continuarão a existir. É preciso coragem para encarar o que precisa ser mudado e mudar. Às vezes, vivemos como se a vida fosse acontecendo simplesmente sem a nossa participação ativa, como se fossemos passivos diante dos acontecimentos, mas podemos mais do que isso. Podemos escolher *como* viver cada acontecimento que a vida nos propõe. Esse para mim é o grande *livre arbítrio* que temos.

Não podemos escolher as situações que temos que viver, mas podemos escolher como viver estas situações. É a lei da causa e efeito, cada ação gera uma reação. Sofremos nesta vida consequências de vidas anteriores, somos o resultado de tudo o que escolhemos para nós, nesta vida e nas vidas anteriores. Em outras oportunidades de crescimentos, tivemos chances de fazer o bem, de ajudar os outros, de servir ao próximo, mas também tivemos alguns testes, algumas tentações, algumas provações. Será que soubemos como passar por elas? Será que realmente só fizemos o bem? Ou será que cometemos erros? Se foram graves, geramos consequências e temos que saldá-los agora. É a lei do Karma. O Cosmos vive sua harmonia seguindo algumas leis, a leis da Física, da Química Quântica, mas também a Lei da Evolução e, para nós, humanos, isso significa uma Lei Moral. É na qualidade moral, na ética de nossos valores e virtudes que se caminha para a evolução humana e espiritual.

Uma pessoa resiliente vai sempre olhar o lado bom das coisas, vai perceber que se não ganhou a corrida pelo menos se exercitou para uma próxima tentativa. Não podemos ganhar sempre, mas devemos participar sempre pelo prazer de estar em ação, exercendo a liberdade de ser feliz. Quem encara a vida assim, escolhe ser mais feliz.

A felicidade não é um estado permanente, ao contrário, é uma sensação efêmera, mas tão poderosa que alimenta todo o resto até uma próxima oportunidade de êxtase diante da vida. *Não existe caminho para a felicidade, a felicidade é o caminho,* disse uma vez o mestre para o monge que se perguntou qual é o caminho para a felicidade.

A felicidade é uma construção, é uma soma de todas as boas sensações, de todo amor que existe em nosso coração, de todo o bem que fazemos para os outros, de todas as nossas realizações, de todos os momentos de paz e harmonia que sentimos, de todas as boas intenções que temos, mais a bem-aventurança da saúde e da alegria do nosso ser. Se você consegue alimentar estes estados de alma, você conhece a felicidade.

Todos nós temos necessidades e, quando elas não são satisfeitas, é natural que nosso bem-estar diminua, mas, à medida em que nos tornamos mais resilientes, passamos a ter uma capacidade maior de satisfazer nossas necessidades, conhecendo e compreendendo melhor cada uma delas e criando, com isso, um bem-estar maior.

Todo ser humano tem três necessidades básicas: *segurança, satisfação* e *conexão*. Desde nossos ancestrais, nosso cérebro atende às necessidades de segurança procurando abrigo; a de satisfação, procurando alimento, e a de conexão, criando laços com os outros. Ainda somos assim, só aprimoramos um pouco mais a qualidade de nossa casa, dos nossos desejos e dos relacionamentos que criamos com quem amamos. Precisamos aprimorar ainda mais nosso relacionamento com a gente mesmo, nossa autoestima, aumentando o amor-próprio, o autoconhecimento, entendendo melhor quem somos.

Se puder, faça análise para se conhecer melhor e vivenciar a autotransformação que é o resultado de todo o processo. Depois de entender o que precisa ser mudado em nós é que começa a mudança real.

O ser humano pode construir a si próprio. Vivemos no mundo para sermos vitoriosos sobre nós mesmos. *Conhece-te a ti mesmo, transforma-te a ti mesmo*, já dizia Sócrates em toda a sua sabedoria. Ser otimista é a escolha mais inteligente e amorosa para se ter uma vida feliz, mas a escolha sempre será sua.

O QUE SE LEVA DA VIDA

O que se leva desta vida é só o resultado de nossas ações, sejam elas boas ou más. De resto, não levamos nada. Tudo o que é material fica aqui no mundo da matéria. Ao retornar para a dimensão espiritual, levamos conosco a memória viva de tudo o que passamos, tudo o que vivemos, tudo o que amamos, o que perdemos, o que conquistamos e também o que desperdiçamos.

Como num filme, nossa vida será revelada para nós para que tenhamos consciência de como foi que passamos esta trajetória mais ou menos escolhida por nós.

Por que mais ou menos escolhida? Porque quando assumimos o compromisso de retornar a matéria numa nova encarnação, sabíamos muito bem tudo o que teríamos que enfrentar e aceitamos o desafio. Como parte do processo de aprendizagem, nós esquecemos o que combinamos para nos certificar de que nossa alma tenha realmente aprendido a lição, e aí é que começam os verdadeiros testes.

Como vamos passar certas situações que foram justamente escolhidas por nós? Quando estamos em estado original, ou seja, de pura consciência, conhecemos todas as nossas qualidades e defeitos, sabemos o que ainda nos falta, sabemos que estamos em processo de evolução, de aprimoramento moral, ainda estamos aprendendo lições primordiais e necessárias para que possamos passar de ano na escola da vida. É como uma verdadeira escola existencial. Aprendemos determinadas lições, mas temos que fazer alguns testes, passar por algumas provas para avaliar se realmente aquela lição foi aprendida por nós.

E é aí que esbarramos algumas vezes. Como esquecemos que também fomos responsáveis pelas circunstâncias de nosso nascimento, costumamos procurar culpados para as nossas dificuldades, sejam elas de ordem prática ou moral. Procuramos culpados por tudo, se temos dificuldades financeiras, profissionais, afetivas, culturais, raciais, éticas, familiares, estéticas, físicas, emocionais, educativas e sociais. Não percebemos que algumas condições, com maior ou menor grau de dificuldade, existem como resultado evolutivo coletivo.

Por exemplo, ainda vivemos no planeta Terra com muitas desigualdades reais e concretas como a fome na África, a dura realidade dos refugiados, os povos do Irã e Iraque em guerra constante, a falta de água no Nordeste, de luz no Amapá e a violência e desigualdade social gritante da maioria de nossos estados. E agora a pandemia da Covid-19 que assola todos os povos e continentes.

Existe um culpado? Talvez seja a própria humanidade que precisa de um freio, uma pausa, precisa parar para refletir e se conscientizar de que não estamos sozinhos, fazemos parte de um único corpo social e vivo que é a própria humanidade, que vivemos num planeta que é a nossa casa, e que precisa de nós, e que precisamos nós uns dos outros. Enquanto o ser humano for egoísta, violento e dominador, plantará a discórdia, a desunião e estará ligado só ao poder. A única solução é o oposto do poder, é o amor.

O amor é o antídoto contra todos os males. É com amor que os países vão encontrar soluções coletivas e de consenso. É com solidariedade que os países mais ricos podem ajudar os mais pobres. É com respeito às diferenças que podemos encontrar uma linguagem de solidariedade e fraternidade. Acabar com o racismo, o preconceito, a violência contra a mulher. Precisamos construir pontes e não muros.

Muita gente se pergunta por que Deus permite que o mal exista entre os homens. O mal não vem de Deus, mas do próprio homem. Deus apenas permite que os homens aprendam com os próprios erros e se modifique. Ele permitiu que seu filho amado, Jesus, viesse até nós e fosse sacrificado para que nos ensinasse a fé e o poder que todos temos de fazer milagres.

O milagre é a capacidade de transformar o ruim em bom. A ignorância em sabedoria, o veneno em antídoto, a guerra em paz. O céu e o inferno estão dentro de nós, podemos escolher qual porta vamos abrir. Temos a chave das duas portas, podemos escolher.

Liberdade é o estado essencial para se atingir a felicidade. A liberdade é fundamental para que possamos expressar quem somos e atingir o absoluto de nossa existência, deixar fluir nossa essência. Ser livre é ser quem se é, respeitando o ser de cada um. Toda liberdade requer respeito para ser completa. A arte é uma manifestação da liberdade criativa do artista, não existe arte sem liberdade.

VIVER COM ARTE

A arte é o mistério que a gente entendeu, assim Clarice Lispector define uma percepção extremamente sensível e concreta que cada pessoa dá a seu olhar. Cada um de nós possui uma capacidade de percepção, ela é pessoal e intransferível. Tem a ver com o nosso gosto, e isso para mim é inquestionável, porque gosto não se discute, apenas se respeita.

Esta maneira única de ver o mundo é o nosso maior instrumento para tocar os outros através de nossa arte. Somos uma grande lente de aumento, podemos ter cores diferentes, talvez algum som, uma música ou só o silêncio. Tudo aquilo que passa por esta lente é transformado pela experiência do nosso olhar, e dizem que os olhos são o reflexo da alma. Então, quando digo *nosso olhar*, entenda-se nossa essência existencial, ou melhor, nossa alma.

A arte nos conecta com ela, a nossa alma. Ela nasce de uma necessidade interna, inconsciente, pessoal, mas só se torna arte quando se exterioriza e se comunica com o coletivo. A arte é uma ponte entre o inconsciente e a consciência. Quando entendemos os recados de nossa alma e traduzimos este entendimento para os outros, podemos fazer com que reflitam sobre si mesmos, se reconheçam e se percebam. Criamos uma linha de comunicação através da sensibilidade.

A sensibilidade, por meio de nossos sentidos, nos conecta com essa sabedoria. Olhamos cada vez mais para dentro de nós para olharmos melhor o que está fora de nós. A arte é a manifestação do amor, e o ser humano é a nossa matéria-prima. É através dos sentimentos e das relações humanas que as histórias são criadas, os personagens se tornam reais e as pessoas se emocionam com as cenas do filme ou da novela que estão assistindo, com aquele ator que viveu tão intensamente aquela história que parecia verdade.

Toda a criação artística nos conecta com o Criador, com Deus. Essa é a grande lição que aprendemos com Ele, somos criadores de nosso destino. Ele nos criou para que possamos, também, como Ele, criar. A arte se apresenta em todos os momentos da vida e tudo se transforma em arte. Captamos os sentimentos e os sentidos da vida porque somos corpo, mente e espírito. A arte nos torna mais humanos, nos coloca no lugar do outro, é o princípio da empatia e amplia nossa consciência.

Arte não se explica, se sente, mais uma vez Clarice Lispector nos ilumina quando diz isso. Ela nos faz lembrar da emoção que sentimos quando vemos um quadro de Van Gogh, por exemplo. Aquele amarelo de seus quadros é tão impressionante, nos toca ao ponto de podermos sentir sua angústia, sua solidão e seu desespero naqueles traços tremidos do pincel sobre a tela. E também a expressão de seus personagens, que são um pouco dele, mesmo retratados em cada um. Quando ouvimos uma sinfonia de Beethoven, com toda sua fúria contida, sentimos junto com ele sua densidade, sua raiva por ter ficado surdo, ou a suavidade das melodias de um Debussy que nos faz sonhar.

Gosto muito de poesia, acho que os poetas conseguem unir a força das palavras com a delicadeza da música. Poesia é música para mim, e elas conseguem com isso traduzir o indizível. Guimarães Rosa nos ensina que *saudade é ser depois de ter*, e particularmente acho essa frase linda !

Quanto podemos aprender quando refletimos sobre aquilo que lemos? Quantas portas abrimos dentro de nós em cada livro que lemos? Tudo isso é arte. A arte nos leva para a transcendência, ilumina nossa consciência. Saímos da normalidade e nos tornamos especiais, capazes de aprender sempre. A arte é essencial em nossa vida, ela nos ajuda a compreender o mistério da existência, e um pouco melhor a nós mesmos. A arte cura, a arte salva, a arte transforma. Nietzsche nos disse que *a arte existe porque a vida não basta.*

Nicette Bruno e Beth Goulart
Espetáculo Perdas e Ganhos / Ano 2014

Crédito da foto: Nana Moraes

EU SOU DA PAZ

Minha avó já dizia: *Quando um não quer dois não brigam.* É acredito que essa é uma grande verdade. Às vezes é melhor fazer "ouvido de mercador", fingir que não entendeu a provocação para que o mal-entendido se desfaça.

Eu odeio brigar, não faz parte da minha essência, do meu ser. Sempre acho que se pode chegar a um acordo que seja bom para as duas partes. Aliás, meu pai já dizia: *É melhor um mau acordo que uma boa demanda.* Essa frase que ele ouvia muito de meu avô Affonso, pai dele, é que orienta boa parte dos advogados para terminar com um processo muito longo. Você pode perder um pouco, mas, no final, terminará com a disputa judicial que, às vezes, de justa não tem nada.

Nunca me esqueço do exemplo de Mahatma Gandhi, que conseguiu a independência da Índia pelo movimento de não violência. Quando os soldados ingleses iam atacar os indianos, eles se sentaram no chão, outros se deitaram, sem suas armas, e assim iam enfraquecendo o inimigo que não tinha mais como lutar com quem estava desarmado. Gandhi disse que *de uma forma suave você pode mudar o mundo*, e *onde há amor há vida*, e ainda, *o fraco nunca pode perdoar, perdão é um atributo dos fortes.*

É muito comum uma briga começar por orgulho ou vaidade, um ponto de vista, uma opinião ou para saber quem tem razão. Mas nem sempre aquele que deixa passar o insulto é o mais fraco, com certeza ele é o mais sábio. Não entrou na provocação do outro, soube relevar, deixar para lá, não dar valor excessivo ao que não teve valor. Às vezes brigamos por tão pouco...

Mas como é que sabemos a hora certa de calar ou de entrar na briga? Muitas vezes, a situação é tão grave que você precisa se posicionar, e, se for o caso, aceitar a briga. Há casos e casos. Antes de mais nada, procuro sempre respirar, contar até dez, não agir no calor do momento. A raiva não é uma boa conselheira, ao contrário, ela pode insuflar mais ainda os sentimentos levando para a ira, a revolta, o ódio, a violência, a vingança, sentimentos nocivos que não ajudam em nada a pacificar a situação.

As palavras podem machucar mais que uma agressão física. Cuidado com o que você diz. Algumas palavras são difíceis de esquecer, elas ferem o coração e ficam marcadas para sempre.

Quando eu falo sobre respirar, quero dizer que quando estamos sob tensão temos a tendência a prender a respiração. Simplesmente paramos de respirar, e o instinto de defesa paralisa a troca tão necessária do ar em nossos pulmões e no cérebro, o órgão responsável por deixar fluir nossos pensamentos. Sem o ar perdemos o discernimento, ficamos sem visão, sem percepção dos acontecimentos e dos outros. Ficamos tomados pelos sentimentos e eles podem fazer um estrago danado. Deixamos de *trocar*, nos fechamos em nós mesmos e isso não é bom, só ouvimos nossa própria voz. Controle seu impulso, não seja refém dele. É você que comanda sua vida. É como um carro desgovernado seguindo para um abismo, precisamos segurar a direção do carro, assumir o controle e pisar no freio, parar o carro! Tem a hora de seguir e a hora de parar. A hora de falar e a hora de calar. Tudo tem a hora certa.

A vida nos ensina muitas coisas que devemos prestar mais atenção, como respeitar os sinais. Recebemos avisos o tempo todo, mas preferimos ignorá-los mesmo sabendo que são para nos proteger. Gostamos do perigo, de correr riscos, mas isso traz consequências. Se percebermos os avisos do destino, é sinal de que estamos conectados com o fluxo dos acontecimentos, estamos vivendo o aqui e agora. Nem sempre conseguimos isso, ficamos presos ao passado ou, só pensando no futuro que virá, deixamos o momento passar sem usufruir o estado presente que é quando tudo pode ser mudado. É no agora que a vida acontece, o vento passa, a flor embeleza, a água sacia, a terra procria, o céu nos inspira e a luz brilha em cada um de nós. O estado de paz é o mais procurado por todos os sábios porque eles conhecem a bem-aventurança. Eles conhecem a ausência de ego.

Estamos na essência de nosso ser. A paz é esta conexão absoluta com Deus e com tudo ao nosso redor, com a natureza, os animais, as pessoas que amamos, nosso próprio ser. Sem a paz não há felicidade, não há prosperidade, não há equilíbrio. A disputa é um desequilíbrio, é como uma doença que desagrega o ritmo normal do corpo. Quando pegamos uma gripe sentimos a luta interna dos nossos anticorpos contra o inimigo, perdemos a tranquilidade da saúde. Nem sempre podemos evitar a doença, ou a desavença, mas nunca se esqueça da memória da paz em seu interior, da saúde em seu organismo, da tranquilidade em seus dias. Isso pode ajudar você decidir melhor sobre se vale a pena entrar na briga ou deixar para lá.

Tudo é uma questão de escolha. Quando um não quer dois não brigam. Você quer ter sempre razão ou ficar em paz? A paz vale muito mais do que ter razão, aprenda a relevar e seja mais feliz.

Fraternidade é o sentimento de pertencimento na grande família humana. Todos somos irmãos, filhos do mesmo Pai em processo de crescimento e aprendizado. Irmãos são frutos da mesma fonte, cria-se com isto uma igualdade e uma cumplicidade diante da vida. Um deve ajudar o outro a seguir sua caminhada sabendo que contam com o apoio e suporte de quem te ama. Assim devemos nos ver uns nos outros e nos ajudar na caminhada da vida.

A CORRENTE DO BEM

Viver é um exercício constante de aprimoramento. Ao nascer, recebemos a chance de evoluir a cada passo, em cada respiração, em cada gesto ou palavra de amor. O amor é a centelha da luz de Deus em nós, é sua presença em cada coração. Do nascimento à morte, vivemos uma conquista diária de nossa consciência, uma compreensão maior de nossos erros e fragilidades. Não somos perfeitos e essa condição humana existe para que possamos aprender melhor com cada erro do caminho, para que possamos começar de novo um caminho melhor que o anterior.

Se ainda não sabemos como fazer, podemos olhar para quem nos deu uma orientação a seguir e caminhar dando o nosso melhor para que a estrada seja menos penosa para nossos pés. Se olharmos para o alto e para dentro, se falarmos com nosso Criador e Pai podemos, por meio da fé, criar um canal para enxergar melhor a trajetória de cada um de nós.

Na caminhada da vida, nascer e morrer são as únicas certezas que temos. Vivemos vários ciclos de nascimento e morte dentro de nós, como a infância, a adolescência, a idade adulta, a maturidade até a finitude total de nosso corpo físico e a transcendência de nosso espírito. Cada uma dessas fases nos prepara para a próxima e nos faz entender que tudo tem seu tempo de existir. Tudo tem início, meio e fim. Os orientais se preparam muito melhor que nós para a grande partida, para a morte como um acontecimento natural da vida. Eles exercitam o desprendimento, o desapego, pois sabem que tudo é passageiro. A vida é um sopro, e quando ela acaba, ficamos perdidos querendo entender o porquê aquela pessoa tão amada teve que nos deixar.

Aprendemos que tudo tem um porquê, aprendemos com a nossa própria finitude. Aprendemos que não temos todo este poder que nos convenceram que temos, que é muito melhor aprender a ser, dependemos de um poder muito maior que nós. Estamos aqui para servir a este poder maior, com o melhor de nós. Nascemos sós e vamos também morrer sós, para que saibamos que nada é para sempre, e que somos únicos e insubstituíveis e isso é maravilhoso. Para que aprendamos que os laços que nos unem aos outros são laços de afeto e amor, e que eles ultrapassam, sim, a nossa finitude. Mas também aprendemos a renascer, como a fênix que renasce de suas cinzas, todos nós temos a capacidade de renovação, de um novo começo, uma nova oportunidade de evolução, de conquista de nosso sonho e felicidade. Afinal, fomos criados pelo amor e para o amor, que nos quer felizes e sãos, em harmonia e paz. Temos a chance agora de recriar nossa humanidade.

Que nosso Pai Supremo nos oriente a fraternidade, a comunhão entre os povos, que nos oriente para uma nova chance para o planeta, suas culturas e povos, para construirmos para o bem de todos, para construirmos pontes de entendimento e cooperação, para construirmos um mundo melhor.

A morte traz em si um novo nascimento. Que sejamos todos elos de uma corrente do bem, e que o bem passe por você para chegar ao todo.

Amor é fonte vital, energia criadora da vida. Essência divina que nos alimenta a transformação. Pelo amor e para o amor damos o nosso melhor e seguimos na caminhada evolutiva abrindo mão do egoísmo para encontrar a fusão no todo.

Estamos interligados por um fio de energia que se alimenta do amor. Este é o primeiro aprendizado que recebemos de nossas mães; a doação de si mesmo para o bem do filho. Aprendemos a amar através delas, que nos dão além da vida, o corpo físico, o afeto, o calor de seu abraço e o alimento de seu seio para nosso corpo. O alimento para a alma que é o amor. Fusão com Deus, o amor é Deus.

A FINITUDE E O INFINITO

A grande certeza que temos na vida é que, após termos nascido, em algum momento iremos morrer. Sabemos a data de nossa chegada na Terra, mas não sabemos a data de nossa partida. A realidade espiritual existe no plano do absoluto, do eterno, do infinito.

O tempo só existe pela referência que damos a ele: nascimento e morte. Sem isso, o tempo não existe, ele é toda a eternidade, e quando não podemos medir, definir, determinar, ficamos perdidos para compreender o que significa toda esta imensidão. O ser humano ainda não tem compreensão necessária para vários assuntos, principalmente quando falamos em escala evolutiva, em dimensões desconhecidas e aí usamos a palavra *mistério* para definir o que não conseguimos compreender.

Muitas vezes, o mistério serve para nos consolar da precária condição humana, para tentar entender o que não podemos imaginar. É como explicar os princípios da física quântica para uma criança que ainda não aprendeu os princípios básicos da matemática. Ainda temos muito a aprender. Mas o simples fato de reconhecer nosso tamanho nos abre a possibilidade de começar a entender novas dimensões de existência.

Nossa realidade é totalmente voltada para o concreto, o físico e o material. A ciência, pouco a pouco, vai desvendando alguns véus de conhecimento e vai confirmando alguns conceitos que foram trazidos para humanidade muitas eras atrás. Os indianos nos Upanishads, textos sagrados, já falavam de uma sabedoria cósmica impressionante e complexa assim como os sumérios desenvolveram a matemática e a escrita; os egípcios desenvolveram as construções; a alexandria sua biblioteca; os gregos a filosofia, as artes e a política. Cada civilização avança um pouco mais no entendimento da evolução de nossa espécie. Não me refiro à evolução física ou antropológica, mas à evolução de conceito evolutivo.

Existe um axioma que diz que *o espírito nasce na pedra, respira na planta, vive no animal e pensa no homem.* Podemos compreender essa caminhada evolutiva e podemos perceber que passamos por cada fase do caminho adquirindo conhecimentos e experiências; quando, na condição humana, temos que aprimorar os valores morais, que são a base do respeito, do direito, da liberdade e da justiça. As relações humanas são o nosso grande aprendizado, é através delas que aprimoramos nosso caráter, nossa generosidade, nossa alegria, nossa empatia e nossa capacidade de amar. Em todas essas etapas, o tempo é um grande aliado, porque ele nos ajuda a perceber o que realmente vale a pena ou não vale perder um pouco desta areia da ampulheta da vida com questões relevantes a todos ou simples bobagens infantis alimentadas pelo ego.

Quando olhamos para a nossa vida, percebemos quantos motivos temos para agradecer. Agradecer é uma forma amorosa de reconhecer todas as oportunidades que temos para evoluir, melhorando todos os dias nossa relação com o mundo, a natureza e as pessoas à nossa volta. Mesmo nesse momento que estamos vivendo, uma pandemia assolando a humanidade, nos fazendo parar e olhar para dentro. Parar e valorizar a própria vida e a vida daqueles que amamos.

Aprender a valorizar nossa casa, nosso alimento, a água que bebemos, a terra que nos alimenta, o ar que nos mantém vivos. Estamos aprendendo a importância da respiração. Não só a troca gasosa de oxigênio e gás carbônico, mas a troca de energia que se faz em cada inspiração e expiração. Fomos obrigados a perder nossa autonomia e nossa liberdade para aprender a respeitar e cuidar do próximo. Tivemos que nos afastar dos nossos amigos e familiares para protegê-los, ficar sem beijar e abraçar um amigo ou parente para valorizar um simples gesto de afeto. Tivemos que ficar em nossas casas para valorizar a nossa essência, quem realmente somos.

Quando partirmos, não levaremos nada do que temos, só aquilo que somos. O dinheiro não pode comprar uma vida e, quando não aprendemos pelo amor, infelizmente temos que aprender pela dor. Este momento, além de muito doloroso pelas perdas, pela solidão, pela angústia, pelo isolamento, também é profundamente rico de aprendizados e percepções que só foram possíveis nestas condições que estamos inseridos. Temos que olhar nossa realidade com um pouco mais de distanciamento, fora dos interesses pessoais e perceber como a humanidade está se transformando através destas perdas e obstáculos que estão presentes em todo o mundo, em todos os países e culturas. O planeta está em transformação e nós estamos no meio deste turbilhão de informações e sensações. Vamos sair diferentes de tudo isso, com certeza. Uma perda significativa impacta nossa vida para sempre. É uma mudança no âmago do nosso ser, no corpo e na alma de cada um de nós. Não dá para ficar indiferente a um número tão grande de mortos, a tantas manifestações do melhor e do pior do ser humano.

Não somos perfeitos, estamos longe disso, mas, se sairmos desta pandemia modificados e melhores do que entramos, já seguiremos o fluxo evolutivo de nossa espécie. Chegamos a um impasse diante de nós ou cuidamos de nossa casa, de nosso planeta e nossa humanidade, ou nos destruímos de uma forma definitiva.

Tenho certeza de que a sabedoria divina do Pai não permitiria este caminho sem volta, Ele tem outros planos para nós. A Terra deixará de ser um *planeta de expiação* e passará a ser um *planeta de regeneração*. Muitos partirão para outros mundos menos evoluídos, e quem ficar terá que estar em sintonia com um novo padrão vibratório para a nova humanidade.

E isso chamamos de evolução. *Todo fim é um novo começo!*

A MEMÓRIA DE UMA IRMANDADE VOCACIONADA

Beth,

Quando eu soube que sua mãe, tão querida, estava internada por causa desse vírus, tive um choque. E foi quando eu vi o quanto a minha memória de vida vivida estava ligada a ela. A minha vida está ligada à da Nicette, à do Paulo e também aos filhos – porque, por incrível que pareça, é possível criar famílias no teatro, sim. Como também criar toda modalidade familiar desde que seja com amor e respeito humano.

Enquanto esperava que sua mãe saísse da UTI, eu vi o momento tão doloroso que você aguentou com tanta esperança e fé cristã. Era impensável que a Nicette fosse embora tão rápido – a Nicette que sempre cultuou a *felicidade*. Eu jamais vi Nicette com o rosto fechado. Nunca vi Nicette sem um sorriso ou uma gargalhada. Nunca, nunca vi o rosto de Nicette sem *estar na luz, com luz, para a luz.*

Vi também que era parte da minha geração indo embora. Inesperadamente.

É uma honra estar no livro seu e de sua mãe. E por mais que fale sobre ela, não darei conta suficiente da nossa confraternização, da nossa identificação, da nossa irmandade que nos ligaram – e nos ligam – através da nossa profissão.

Beth, estou de braços abertos para você! Mesmo sem a gente conviver no cotidiano. Nosso encontro, absoluto, é ver você em cena.

Quero acrescentar que Nicette viveu sempre em estado de *Aleluia* ao exercer a sua vocação. Eu vi o primeiro trabalho de Nicette ao lado de Dulcina de Morais – ela era muito adolescente ainda. O acaso, o destino, Deus nos juntaram na minha estreia no teatro – e pela vida afora. De vez em quando, juntas, fazíamos cenas de novela, teleteatro. É uma perda dolorida, mas permanecerá sempre, em nós, a memória de um encontro pleno. A memória de uma irmandade vocacionada.

Nicette está na minha história. Na minha memória. No meu coração.

FERNANDA MONTENEGRO

Grande dama do teatro, cinema e televisão do Brasil, primeira latino-americada e única brasileira indicada ao Oscar na categoria de Melhor Atriz. Em março de 2022, tornou-se a nona mulher, e primeira atriz, a entrar na lista dos imortais da Academia Brasileira de Letras (ABL)

Eu e meus amores

Arquivo Pessoal / 2013

Mãe e filha
Crédito da foto: Eduardo Schaydegger

Crédito da foto: Nana Moraes